W0069788

Heike Baum

Bei den Buchen musst du suchen

Heike Baum

Bei den Buchen musst du suchen

Spiele im Wald

Herder Freiburg · Basel · Wien

Gedruckt auf umweltfreundlichem,
chlorfrei gebleichtem Papier

Einbandgestaltung: Joseph Pölzelbauer, Freiburg
Einbandillustration: Ines Rarisch, Düsseldorf
Textillustrationen: Theora Krummel, Münster

Alle Rechte vorbehalten – Printed in Germany
© Verlag Herder Freiburg im Breisgau 2000
Satz: DTP-Studio Helmut Quilitz, Denzlingen
Druck und Bindung: Freiburger Graphische Betriebe 2000
ISBN 3-451-26768-3

Inhalt

Vorwort

Für Kinder gibt es kaum einen Raum, der ihnen so viele Entdeckungs- und Entwicklungsmöglichkeiten bietet wie der Wald. Hier erleben sie die Natur in ihrem Jahreszyklus und sehen, spüren und riechen die Veränderungen, die dabei geschehen – vom frischen Grün über den Blütenreichtum bis hin zum Verfärben der Blätter und den ersten kalten Tagen. Was sonst vor allem über die Bilder in Büchern vermittelt wird, erleben Kinder im Wald mit allen Sinnen.

Doch auch die unterschiedlichen Stimmungen im Verlauf eines einzigen Tages können im Wald deutlich gespürt werden, verändern sich doch die Geräusche mit dem Wind, das Licht mit dem Stand der Sonne und die Temperatur, wenn es auf den Abend zugeht.

Gemeinsam entdecken und bewahren, gestalten und verändern Kinder im Wald ihre direkte Umgebung und merken dabei schnell, wie wichtig jedes Gruppenmitglied mit seinen individuellen Kompetenzen ist.

Daneben haben sie unendlich viele Freiräume, ihre eigenen Entwicklungen zu machen, den eigenen Bedürfnissen auf der Spur zu sein und diese auch zu befriedigen.

So ist es verständlich, dass nicht nur die Waldkindergärten an Spielen für den Wald interessiert sind – in letzter Zeit erkennen immer mehr Erzieherinnen und Eltern den Wert des Waldes als Erlebnis- und Erfahrungswelt für ihre Kinder und für sich selbst. Dieses Buch soll helfen, neue Ideen auszuprobieren und vergessene Spiele wieder zu entdecken.

Danken möchte ich hier Petra Meyer für die Ideen, die sie für dieses Buch entwickelt und mit den Kindern vom Spielhaus ausprobiert hat. Auch dem Waldkindergarten in Wilhelmsdorf möchte ich für die Offenheit und Freundlichkeit bei meinem Besuch danken.

Bei den immer zahlreicheren Erziehern entschuldige ich mich für die durchgängig weibliche Form, die ich beim Schreiben benütze. Ich suche immer noch nach einer Möglichkeit, beide Geschlechter sprachlich so zu berücksichtigen, dass die Spiele nicht unnötig umständlich formuliert werden müssen.

Ravensburg, im Februar 2000   *Heike Baum*

1 Hurra, wir gehen in den Wald

Wichtiges und Wissenswertes für die Vorbereitung

Über den Wald als Lebens- und Erlebnisraum ist in jüngster Zeit viel geschrieben und diskutiert worden. Es steht außer Frage, dass der Wald ein sinn(en)voller Ort ist, der mit seinem Abwechslungsreichtum und seiner unmittelbaren Anschaulichkeit eine große Bereicherung für das Erleben und Erfahren aller Kinder ist.

Was ist wichtig zu beachten?

Der Wald ist ein Abenteuerspielplatz, in dem es viel zu entdecken gibt. Allerdings ist er in erster Linie ein Lebensraum für viele Pflanzen und Tiere. Deshalb ist es wichtig, dass Kinder beide Seiten des Waldes kennenlernen. Sie können ihn „benützen" und darin toben, aber sie sollten auch lernen, den Wald zu respektieren. Das bedeutet für mich zum Beispiel, dass nicht wahllos Blätter abgerissen oder Blumen gepflückt werden können. Trotzdem können die Kinder natürlich Blumen pflücken oder auch Blätter abreißen – der entscheidende Aspekt dabei ist die innere Haltung. Wenn Kinder im täglichen Erleben erfahren, dass es notwendig ist immer wieder abzuwägen, ob eine Pflanze verletzt werden darf oder nicht, werden sie diese kritisch hinterfragende Haltung für sich selbst übernehmen. Dazu müssen die Kinder über das Leben im Wald etwas erfahren und dieses faszinierende Biotop erklärt und vermittelt bekommen. Es gibt viele spannende Kinder- und Bilderbücher zu diesem Thema, die eine gute Einführung sein können. Eine andere Möglichkeit ist, einen Förster oder die Ortsgruppe des Bundes für Naturschutz zu fragen, ob Gelegenheit für ein interessantes Gespräch oder einen gemeinsamen Waldspaziergang besteht.

Darüber hinaus ist es sinnvoll, den Förster über das Vorhaben im Wald zu informieren und ihn zu fragen, welches Waldstück sich für eine spannende Erkundung am besten eignet.

Das Ministerium für Umwelt, Raumordnung und Landwirtschaft des Landes Nordrhein-Westfalen hat zwei sehr schön gestaltete und informative Broschüren herausgegeben, die auch für Kinder geeignet sind, wenn ein Erwachsener die Texte vorliest. Die Broschüren „Wir erkunden den Boden" und „Wir erkunden die Wiese" können kostenlos bezogen werden beim

Ministerium für Umwelt, Raumordnung
und Landwirtschaft des Landes NRW
Schwannstr. 3
40190 Düsseldorf

Im Wald gibt es viel zu entdecken und zu lernen, und so sollten die Kinder viel Freiheit und Handlungsspielraum haben. Legen Sie für die Waldtage nur wenige Programmpunkte fest und wählen Sie die Aktivitäten sorgfältig aus, damit die Kinder ihrem Bewegungsdrang nachgehen und Ruhepausen einlegen können, wie es ihrem Bedürfnis entspricht. Entwerfen Sie mit den Kindern einen festen Rahmen, an den sie sich halten können und sollen. Im nächsten Kapitel finden sie Ideen dazu.

Was müssen wir mitnehmen?

Die Vorbereitungen für einen Waldtag müssen frühzeitig beginnen. Sowohl die Kinder als auch die Erwachsenen brauchen Zeit, sich darauf vorzubereiten – vor allem dann, wenn es nicht üblich ist, regelmäßig in den Wald zu gehen.

Am besten besorgen Sie sich einen Bollerwagen, damit nicht all die Dinge, die mitgenommen werden, getragen werden müssen. Außerdem können die Kinder notfalls auch ihre Rucksäcke, Pullover und so weiter hineinlegen, wenn sie ihnen zu schwer werden. Kleinere Kinder können sich darin zwischendurch ausruhen, und den Großen macht es Spaß, die Kleinen auch einmal zu ziehen.

Klasse ist es, wenn im Bollerwagen eine Decke liegt. Wenn ein Kind müde oder traurig ist, kann es sich darin einkuscheln und etwas entspannen.

Die Kinder sollten ausreichend zu essen und zu trinken dabeihaben. Frische Luft und viel Bewegung machen hungrig und vor allem durstig. Nehmen Sie sicherheitshalber eine Flasche Mineralwasser, Tee oder Ähnliches zusätzlich mit, falls dem einen oder anderen Kind das eigene Getränk nicht ausreicht.

Bevor die Kinder etwas essen, werden auf jeden Fall die Hände gewaschen. Dazu brauchen Sie einen Kanister oder ein paar Flaschen mit Leitungswasser. Seife ist nicht notwendig, es verschmutzt nur das Grundwasser.

Ich finde nicht, dass jeder Mensch ein Handy braucht, aber im Wald kann es für den Notfall sehr nützlich sein. Wenn Sie nur selten in den Wald gehen, dann leihen Sie sich ein Handy aus. Gehen Sie öfters, sollte der Träger der Kindertagesstätte eines anschaffen.

Es gibt für Kinder Matschhosen zu kaufen, die es ermöglichen, auch bei schlechtem Wetter in den Wald zu gehen. Diese Anschaffung ist sehr zu empfehlen. Vielleicht sind die Eltern bereit, einmalig eine Art Leihgebühr für die Kindergartenzeit zu bezahlen, so dass sich diese Hosen langfristig auf diese Weise finanzieren lassen.

Darüber hinaus sollten die Kinder festes Schuhwerk tragen, damit sie einen sicheren Halt beim Gehen haben. Eine lange Hose und ein langärmeliges T-Shirt sollte jedes Kind zumindest dabeihaben. Das hilft gegen Stechmücken, gegen Dornenhecken und verhindert auch ein wenig, dass sich Zecken (siehe unten) festsetzen.

Besonders wichtig ist, dass die Kinder Plastikdosen mitnehmen. Das können Frühstücksdosen, gespülte Quark- oder Joghurtbecher oder auch Filmdosen sein. Wenn die Kinder Beeren etc. finden, können sie diese sammeln und in den Dosen mit in den Kindergarten nehmen. Dort können die Beeren dann zu Marmelade verkocht werden und der Fuchsbandwurm (siehe unten) wird niemandem mehr gefährlich.

Ein Taschenmesser ist im Wald ein wichtiges Utensil. Die Kinder brauchen es zum Schneiden oder Stöcke anspitzen. Scharf sollte das Taschenmesser sein, nicht stumpf. Stumpfe Messer rutschen leicht vom Holz ab! Kinder müssen bei stumpfen Messern viel Kraft aufwenden, dadurch können sie nicht so gezielt schneiden, und die Verletzungsgefahr wird so viel größer.

Toll zum Experimentieren und Entdecken sind Vergrößerungsgläser, ein Käscher, ein altes Sieb, einige Schaufeln, eine Holzsäge sowie natürlich das Spielmaterial, das Sie vorbereitet haben.

Und natürlich darf eine kleine Waldapotheke nicht fehlen: Ein Insektenstift sowie ein Insektenabwehrmittel, einige Pflaster und Wundtinktur, vielleicht auch eine Binde. Gehen Sie zu einem vernünftigen Apotheker, der Sie gut berät und Ihnen nicht sein ganzes Sortiment verkauft.

Ganz wichtig: Fragen Sie die Eltern, ob ihre Kinder allergisch gegen Pflanzen, Lebensmittel oder Insektenstiche sind. Nehmen Sie dann für den Bedarfsfall die eigenen Medikamente des Kindes mit.

Was muss ich mit den Kindern vereinbaren?

Die besten Erfahrungen mache ich mit Kindern immer dann, wenn ich die Regeln mit ihnen gemeinsam vereinbare und diese für mich genauso gelten wie für sie. Außerdem ist es wichtig, dass die Kinder verstehen, weshalb eine Regel aufgestellt wird.

Kinder haben ein sehr gutes Gespür dafür, was für die Gruppe gut ist und wie es ihnen als Einzelnen in der Gruppe gut geht. Wenn Kinder noch keine Erfahrung mit dem Aufstellen von gemeinsamen, für alle verbindlichen Regeln haben, fange ich immer mit der Umkehrung an. Ich frage sie, was wir tun müssten, damit wir nie mehr in den Wald gehen wollen, weil es uns an dem Tag so schrecklich ergangen ist. Den Kindern fällt dazu meistens eine Menge ein. Wenn sie dann ein Negativbeispiel nennen, kehre ich einfach den Schluss um, etwa: „Also das bedeutet, es ist besser, wenn sich jeder immer erst auf den Boden setzt, bevor er das Taschenmesser aufklappt."

Manche Dinge müssen von der Erzieherin vorgegeben werden. Doch wenn die Kinder mit mir die Erfahrung machen, dass alle gleichberechtigt sind und auch ihre Meinungen und Ansichten zählen, werden meine Vorschläge akzeptiert. Statt etwas anzuordnen, versuche ich, die Kinder genauso zu überzeugen, wie sie sich untereinander auch überzeugen müssen.

Je weniger Regeln aufgestellt werden, umso leichter wird es den Kindern fallen, sich an sie zu halten.

Wenn es um Regeln und die Sicherheit der Kinder geht, sollte sich die Erzieherin im Klaren darüber sein, was sie aushalten kann. Es wird für alle kein entspannter und interessanter Erlebnistag, wenn die Erzieherin zwar viel erlaubt, aber ständig ganz nervös ist vor Angst. Sie muss die Balance finden, einerseits den Kindern so viel Freiheit wie möglich zu lassen, andererseits aber ihrem eigenen Sicherheitsbedürfnis entsprechend zu handeln.

Viele Erzieherinnen wollen beispielsweise, dass die Kinder immer in Sichtweite bleiben. Das ist im Wald sehr schwierig, weil die Bäume ständig die Sicht versperren. Ich halte es mit den Kindern deshalb so, dass sie weiter weg gehen dürfen, aber wenn ich rufe, müssen sie gleich kommen. Sie wissen auch, dass ich nur rufe, wenn es wichtig ist. Ansonsten genügt es, immer wieder eine Runde zu laufen, um die Kinder im Blick zu haben.

Auch ist es so: Wenn die Kinder wissen, dass sie nicht so hoch in den Baum klettern sollen, weil die Erzieherin Angst hat, wird es ihnen leichter fallen, sich an diese Regel zu halten. Wenn ihnen hingegen unterstellt wird, sie würden herunterfallen, fühlen sie sich eher herausgefordert, das Gegenteil beweisen zu müssen.

Noch ein Tipp für den Weg in den Wald: Damit die Kinder nicht immer zusammenbleiben müssen, können Sie bestimmte markante Plätze, Bäume oder Hütten vereinbaren, an denen die vorausgegangenen Kindergruppen auf die nachfolgenden warten. Das hat den großen Vorteil, dass die Kinder individuell ihr eigenes Tempo bestimmen können, und lässt sich vor allem dann problemlos machen, wenn der Weg den Kindern bekannt ist.

Wichtige Regeln für den Wald

Hier die wenigen Regeln, die ich für wirklich wichtig halte:

- Es wird kein totes Tier angefasst, weil wir nicht wissen, woran es gestorben ist und wir gesund bleiben wollen. Um es zu untersuchen, haben wir die Schaufel dabei.
- Wir essen unterwegs nichts von dem, was wir finden, und stecken auch nichts in den Mund. Wenn wir etwas mitnehmen wollen, stecken wir es in eine Dose. Dann können wir es in der Kita oder zu Hause verarbeiten.
- Bevor wir unser mitgebrachtes Essen verzehren, waschen wir uns mit dem Wasser aus den Flaschen die Hände. Anderes Wasser gilt nicht.
- Wenn sich jemand verletzt, bleibt er sitzen und ruft um Hilfe; sein Freund oder seine Freundin bleibt bei ihm. Sind die Kinder zu dritt, geht ein Kind zur Erzieherin zurück.
- Das Taschenmesser benützen wir nur im Sitzen, damit wir uns und andere nicht stechen oder schneiden.

Die Regeln selbst werden immer wiederholt, wenn sich eine entsprechende Situation ergibt. Wenn also ein totes Tier gefunden wird, wiederholen alle die Regel, dass ein totes Tier nicht mit den Händen angefasst werden darf.

Wie gefährlich ist es im Wald?

Im Wald ist es nicht gefährlicher als anderswo! Wichtig ist, dass die Eltern der Kinder wissen, an welchen Tagen sich die Kinder im Wald aufhalten. Dann können sie ihren Kindern die richtige Kleidung mitgeben und nach der Kita das Kind nach Zecken absuchen.

Eine Gefährdung durch FSME und Borreliose, die hauptsächlich von Zecken übertragen werden, bzw. durch eine Übertragung des Fuchsbandwurmes ist regional sehr unterschiedlich. Erkundigen Sie sich bei Ihrem Hausarzt oder bei einem Arzt in Ihrer Nähe, der sich mit diesen Krankheiten auskennt. Er kann Ihnen fachkundig und umfassend Auskunft geben. Sowohl Borreliose als auch der Befall durch den Fuchsbandwurm kann in einem Bluttest festgestellt werden; gegen FSME schützt eine vorbeugende Impfung.

Wenn sich eine Zecke festsetzt, ist das noch nicht schlimm. Sie sollte so schnell und so behutsam wie möglich entfernt werden. Wenn sich innerhalb von drei Wochen an der Stelle, an der die Zecke gebissen hat, ein großer roter Kreis bildet, ist ein Arztbesuch anzuraten. Ein weiteres Anzeichen, dass ein Zeckenbiss nicht ganz harmlos gewesen sein könnte, sind Kopf- und Gliederschmerzen, Fieber und andere grippeähnliche Symptome.

2 Tanz der Morgenelfen

Rituale für die Tage im Wald

Gerade weil die Kinder im Wald so viel Freiraum haben und sich für Spiele oder Erkundungen in kleinen Gruppen im Gelände verteilen, ist es wichtig, sie durch Rituale immer wieder zusammenzuführen und ihnen Gelegenheit zu geben, über ihre Erlebnisse zu sprechen.

Kinder tragen auch im Wald ihre Sorgen mit sich, und um diese verarbeiten zu können, brauchen sie Ruhe und die Aufmerksamkeit anderer. Im Erzählen können sie ihre Gefühle ausdrücken und besser verstehen, und die Anteilnahme oder auch mal ein guter Tipp vermittelt ihnen das Gefühl, mit ihren Ängsten und Sorgen nicht allein gelassen zu werden.

Auch in der Kindertagesstätte sorgen Rituale und feste Einrichtungen dafür, dass die Wald-Erlebnisse und -Erfahrungen nicht in Vergessenheit geraten, selbst wenn die Gruppe eine Zeit lang keine Ausflüge in den Wald machen kann.

Gemeinsam beginnen

Spieler/innen:	alle
Alter:	ab 3 Jahren
Zeit:	10 Minuten
Material:	keines
Ort:	im Wald

Ganz zu Beginn des Erlebnistages setzen sich alle im Wald in einen Kreis. Jedes Kind erzählt den anderen, wie es ihm geht und was es heute unbedingt im Wald machen möchte. Die Erzieherin erzählt den Kindern, was sie vorbereitet hat und wie viel Zeit das in Anspruch nimmt. Gemeinsam mit der Erzieherin entscheiden die Kinder, wann das gemeinsame Programm stattfindet. Sie überlegen hier auch, wer mit wem heute etwas machen möchte. Die Kinder können, wenn sie wollen, zum Abschluss des Startkreises noch ein gemeinsames Lied singen oder ein Begrüßungsspiel spielen. Dann brechen die Kinder in Gruppen auf und gehen ihren Vorhaben nach.

Wenn es notwendig ist, können in diesem Kreis auch die wichtigen Regeln wiederholt werden.

Schlafende Blumen

Spieler/innen:	ein Kind und mehr
Alter:	ab 3 Jahren
Zeit:	5 Minuten
Material:	keines
Ort:	im Wald

Die Kinder legen sich eng zusammengerollt auf den Boden und schließen die Augen. Die Erzieherin ermuntert die Kinder, sich vorzustellen, sie seien eine Blumenzwiebel, die noch schläft. Ganz langsam erwacht die Zwiebel zum Leben und beginnt vorsichtig, den ersten Trieb aus der Erde zu stecken. Dazu heben die Kinder einen Arm. Nach und nach kommt der zweite Trieb (Arm) aus der Erde. Die Blumen beginnen, sich ganz langsam zu recken und zu strecken. Dazu heben die Kinder zuerst den Kopf und schauen sich um. Dann richten sie sich langsam auf, sitzen auf den Fersen, danach knien sie und recken den Oberkörper. Dabei wiegen sie sich sacht hin und her wie Blumen im Wind. Nach und nach stehen die Kinder auf, heben die Arme und begrüßen die Sonne. Sie sind jetzt ganz aufgeblühte Blumen. Schließlich schütteln sich die Kinder und begrüßen den Tag mit einem gemeinsamen Lied.

Tanz der Morgenelfen

Spieler/innen: ein Kind und mehr
Alter: ab 3 Jahren
Zeit: 10 Minuten
Material: keines
Ort: im Wald, an einem sonnigen Platz

Die Erzieherin erzählt den Kindern die folgende Geschichte, oder sie denkt sich eine eigene aus. Dabei achtet sie darauf, dass sie den Kindern Zeit lässt sich zu entspannen. Je öfter die Kinder die Geschichte hören und dabei eine Entspannung erfahren, umso mehr werden sie sich darauf einlassen können. Seien Sie nicht irritiert, wenn die Kinder am Anfang lachen. Es ist für sie nur ungewohnt, so still in sich selbst zu ruhen und dabei begleitet zu werden. Kürzen Sie die ersten Male die Geschichte ein wenig ab; erst nach und nach bringen Sie sie in der vollen Länge zu Gehör, wenn Sie merken, dass die Kinder der Erzählung folgen. Je freier Sie selbst die Geschichte erzählen, umso besser werden die Kinder sich darauf einlassen können. Wählen Sie Worte, die Ihnen vertraut sind und Ihnen entsprechen, damit die Kinder Sie selbst in der Geschichte wieder erkennen können.

Erklären Sie den Kindern, was Sie mit ihnen vorhaben, und sagen Sie auch, dass Sie immer wieder eine Pause machen, um ihnen die Gelegenheit zu geben, ihren eigenen Gedanken freien Lauf zu lassen. Erlauben Sie den Kindern auch, sich aufzurichten und die Augen zu öffnen, wenn sie der Geschichte nicht mehr folgen wollen. Es gibt nur eine Regel bei diesem Ritual, und die heißt: Leise sein und die anderen nicht stören.

Die Kinder setzen sich also im Schneidersitz auf den Boden, schließen die Augen und lassen sich ganz in sich zusammensinken. Wenn es den Kindern lieber ist, können sie sich auch auf den Rücken legen.

Dann beginnt die Erzieherin die Geschichte:

Es gibt einen Wald, der gar nicht weit weg von hier ist. Dort leben die Morgenelfen. Sie heißen so, weil sie, wenn die Sonne langsam am Hori-

zont erscheint, aufwachen und die Sonne begrüßen. Seit vielen, vielen Jahren tanzen sie jeden Morgen für die Sonne. Die Sonne hat das längst bemerkt, und sie freut sich jeden Morgen darüber. Es gefällt ihr, dass es Lebewesen auf dieser ihr so fernen Welt gibt, die verstanden haben, dass sie, die Sonne, alles Leben erst ermöglicht. Ohne sie wäre es dunkel und es gäbe kein Leben. Damit sie nicht die ganze Arbeit allein machen muss, hat sie auf der Erde Helfer gefunden. Diese Helfer sind die Luft und die Erde, und auch das Wasser ist immer bereit, für das Leben seine Kraft zu geben. Der Mond hat seine Aufgabe gefunden, indem er hilft, in der Nacht ein wenig Licht der Sonne auf die Erde zu bringen, damit es nicht ganz so dunkel ist. Die Elfen wissen dies, und so gilt der Tanz der Sonne, dem Mond, der Erde, der Luft und dem Wasser.

Heute bist du eine kleine Morgenelfe und begrüßt die Sonne und ihre Gehilfen.

Du beginnst, die Wärme der Sonne auf deinem Körper zu spüren. Fühlst du, wie stark die Sonne ist? Spürst du ihr Licht und wie es dein Körper aufnimmt? (Pause)

Die Sonne ist immer da, auch wenn die Wolken sie hinter sich verstecken, auch wenn sie in der Nacht nicht zu sehen ist, weil sie an einer anderen Stelle scheint. Die Sonne bleibt stehen, aber die Erde dreht sich, damit alle Kinder und alle Lebewesen im Laufe eines Tages ihre Kraft spüren und ihr Licht sehen können.

Dafür ist die Sonne der Erde sehr dankbar. Sie freut sich auch darüber, dass du da bist. Die Sonne ist immer bei dir mit all ihrer Kraft (Pause).

Beginne nun, tief durchzuatmen. Die Morgenluft ist frisch und voller Kraft. Zieh die Luft tief in dich hinein. Stell dir vor, sie strömt beim Einatmen in deinen Kopf und fließt wie warmes Wasser durch deinen Körper. Durch die Fußsohlen verlässt sie dich beim Ausatmen, um beim nächsten Luftholen wieder erneut in dich zu fließen (Pause).

Die Luft gibt dir Kraft, immer ist genug für dich da. Mit jedem Atemzug fließt sie in dich hinein und wieder heraus. Die Luft begrüßt dich und heißt dich willkommen auf dieser Erde.

Sie freut sich, dass du da bist, und dass sie dir Kraft geben kann. Die Luft ist immer bei dir mit all ihrer Kraft! (Pause)

Spürst du die Erde unter dir? Sie trägt dich gern, sie mag die Men-

schen und ihre kleinen Füße, die manchmal Spuren in ihr hinterlassen. Sie mag das Lachen und Toben, wenn du im Wald deinen Spaß hast.

Auch wenn du traurig bist, trägt sie dich voller Hoffnung, dass es dir bald wieder gut geht. Sie liebt dich, sie liebt alle Menschen. Spürst du die Erde?

Fühlst du sie unter dir, und spürst du auch die Kraft, die sie hat? (Pause)

Sie schenkt dir ihre Kraft, damit du auf ihr gehen, laufen und ausruhen kannst. Sie freut sich darüber, dass du da bist. Die Erde ist immer bei dir mit all ihrer Kraft. (Pause)

In der Erde, in deinem Körper, in jedem Lebewesen auf dieser Erde ist Wasser. Ohne Wasser gibt es kein Leben. Deshalb ist es da. Einfach so, damit du leben kannst. Hörst du das Leben in dir?

Horch tief in dich hinein. Das Leben pulsiert in dir. Du spürst es im Atmen, du spürst es in deinem Bauch, du spürst es in jeder kleinen Bewegung, die in dir stattfindet.

Das Wasser freut sich darüber, dass du lebst, deshalb ist es immer in Bewegung. In dir, in einem Fluss, in den Wolken, sogar im See, obwohl er ganz ruhig aussieht.

Es freut sich darüber, dass du da bist. Das Wasser ist immer bei dir, mit all seiner Kraft! (Pause)

Es gibt viel Leben auf dieser Welt. Alles lebt, weil die Sonne, der Mond, die Luft, die Erde und das Wasser Kraft für das Leben schenken. Das ist schon sehr, sehr lange so, und es wird noch viel länger so sein.
Hörst du das Leben um dich? (Pause)
Hörst du das Atmen der anderen Kinder? (Pause)
Hörst du das Rauschen der Bäume, das Singen der Vögel? (Pause)
Hör auf das Leben um dich herum und freue dich, dass es so viel Kraft auf dieser Erde gibt und so viel Leben möglich ist.
Spürst du die Freude über das Leben? Spürst du die Kraft? (Pause)
Lass die Augen geschlossen. Heb deinen Kopf, dreh dein Gesicht zur Sonne und spüre die Wärme in deinem Gesicht. Leg die Hände auf die Erde und spüre, wie gut sie dich hält. Atme tief ein und begrüße die Luft in dir. Wieg dich sanft hin und her wie das Wasser in seiner fließenden Bewegung voller Kraft. (Pause)
Steh mit geschlossenen Augen auf, wiege dich weiter hin und her. Gibt es noch andere Bewegungen, die du machen möchtest? Bewege dich so, wie es dir in den Sinn kommt. (Pause)
Vielleicht möchtest du die Arme ausbreiten und dich langsam drehen? Oder hüpfen und in die Hände klatschen?
Magst du die Augen öffnen und zu einem anderen Kind gehen? Vielleicht tanzt ihr beide gemeinsam? (Pause)
Zum Schluss tanzen wir alle im Kreis, einmal rechtsherum, einmal linksherum, in die Mitte und wieder heraus. Danach rufen wir alle ganz laut: „Guten Morgen liebe Sonne, guten Morgen schöner Mond, guten Morgen gute Luft, guten Morgen starke Erde, guten Morgen klares Wasser."

Wenn die Kinder möchten, können sie sich anschließend gegenseitig erzählen, wie es ihnen bei der Geschichte gegangen ist, was aufregend war, was sie gefühlt, gespürt und in sich gesehen haben. Auch wenn die Kinder gleich zum Spielen übergehen, werden sie später bestimmt auf die Entspannungsgeschichte zurückkommen.

Mein Freund, der Baum

Spieler/innen:	ein Kind und mehr
Alter:	ab 3 Jahren
Zeit:	5 Minuten
Material:	keines
Ort:	im Wald

Wenn die Kinder bereits ein paar Mal im Wald waren, werden sie von der Erzieherin aufgefordert, sich einen Baum auszusuchen, der ihnen besonders gut gefällt. Das ist nun ihr Freund, dem sie alles erzählen können.

Sie beginnen, ihn mit allen Sinnen wahrzunehmen. Sie umfassen ihn mit beiden Armen um zu sehen, wie dick er ist, sie legen sich unter ihn um zu merken, wie groß er ist. Sie tasten über die Rinde, befühlen die Blätter und Blüten und spüren, wie verschieden, aber dennoch auch warm und weich es sich anfühlt. Sie probieren aus, ob es einen Unterschied gibt, den Baum mit der Hand oder mit dem Gesicht zu spüren. Vielleicht entdecken die Kinder sogar einen eigenen Geruch an ihrem Baum!

Wenn sie wollen, können sie ihm auch ein farbiges Band umbinden, damit alle sehen: Dieser Baum hat ein Kind zum Freund. Wenn die Kinder danach wieder in den Wald kommen, gehen sie jedes Mal als erstes los, um ihren Baum zu begrüßen.

Wenn die Kinder Sorgen haben oder aber aus der Kindertagesstätte weggehen (sei es zur Einschulung oder wegen eines Umzugs), können sie sich ihrem Baum anvertrauen. Sie können sich von ihm verabschieden, indem sie ihm ein Bild von sich malen und es bei seinen Wurzeln vergraben. Sie können aber auch eine kleine Schatzkiste basteln, ein paar besonders schöne Andenken hineinlegen und diese vergraben. Wenn sie später einmal den Baum wieder besuchen, haben sie dort etwas, das ihnen gehört und sie an die schöne Zeit erinnert.

Eine Schatzkiste für jeden

Spieler/innen: ein Kind und mehr
Alter: ab 3 Jahren
Zeit: zur Vorbereitung 30 Minuten
Material: für jedes Kind einen Schuhkarton, Papier, Wachskreiden, Klebstoff
Ort: in der Kindertagesstätte und im Wald

Von unterschiedlichen Materialien im Wald, etwa einer Baumrinde, werden mit den Wachskreiden Rubbelbilder gemacht, bei denen die Struktur des Untergrunds mit verschiedenen Farben auf das Papier übertragen wird. Das so bunt gestaltete Papier wird benützt, um den Schuhkarton zu verzieren. Jedes Kind hat nun eine Schatzkiste, die in der Kindertagesstätte bleibt. Hier kann es all die schönen Dinge, die es sich aus dem Wald mitgebracht hat (Schneckenhäuser, schöne Steine, Holz, Federn oder Zapfen) aufbewahren. Mit dieser Schatzkiste bekommt der Wald in der Einrichtung einen Platz und wird auch dort für jedes Kind individuell erlebbar.

Waldregal

Spieler/innen:	ein Kind und mehr
Alter:	ab 3 Jahren
Zeit:	2 Minuten
Material:	keines
Ort:	in der Kindertagesstätte und im Wald

In der Kindertagesstätte wird ein kleines Regal oder ein Setzkasten aufgehängt. Die Kinder können aus dem Wald schöne kleine Dinge mitbringen und sie darin aufbewahren. Gemeinsam werden die kleinen Kostbarkeiten betrachtet und entschieden, was ins Regal kommt. Wie mit den Schatzkisten bekommt so der Wald einen Platz in der Kindertagesstätte und bleibt präsent, auch wenn die Kinder längere Zeit nicht in den Wald gehen können.

Fleißig, fleißig

Spieler/innen:	ein Kind und mehr
Alter:	ab 3 Jahren
Zeit:	jederzeit
Material:	ein großer Eimer
Ort:	im Wald

Die Kinder haben in ihrem Bollerwagen immer einen großen Eimer dabei. Wenn sie im Wald Müll sehen, sammeln sie ihn ein und stecken ihn in den Eimer. Die Kinder lernen dabei, was im Wald liegen bleiben darf und was nicht. Außerdem schärft sich ihr Bewusstsein dafür, dass Müll die Umwelt belastet. Und natürlich freut sich die Natur!

Auf dem Schiff sind meine Träume

Spieler/innen:	zwei und mehr
Alter:	ab 3 Jahren
Zeit:	15 Minuten
Material:	für jedes Kind ein Stück Rinde, ein Taschenmesser und ein Teelicht, eventuell auch Papier und Stifte
Ort:	im Wald

Es gibt in der Kindertagesstätte immer wieder Zeiten, in denen sehr viel los ist und die Kinder durch unterschiedliche Erlebnisse sehr belastet sind. Das können Abschiede sein oder sonstige dramatische Ereignisse. Kinder im Kindergartenalter haben noch eine „magische" Vorstellung von der Welt; das kann sich die Erzieherin in solchen Zeiten zu Nutze machen.

Die Kinder basteln ein Schiff aus Rinde, auf dem ein Teelicht stehen kann. Nun gehen die Kinder zu ihrem Lieblingsbaum (siehe Seite 23) und erzählen ihm von ihren Sorgen und Nöten. Sie bitten den Baum, dass er ihnen helfen soll, die schmerzhaften Gefühle loszulassen und wieder fröhlicher zu sein. Dann bedanken sie sich beim Baum für die Hilfe und nehmen sich ein Blatt von ihm mit. Dieses Blatt wird auf das Schiff unter das Teelicht gestellt. Das Teelicht wird angezündet, und die Kinder lassen ihre Schiffe auf einem kleinen Bach fahren. Sie bleiben am Ufer sitzen, bis die Schiffe verschwunden sind oder sich weit entfernt haben.

Bemerkung: Auch mit Erwachsenen in Trauerseminaren habe ich solche Übungen gemacht. Dass sie funktionieren liegt vermutlich nicht an der magischen Kraft der Bäume und des Wassers, sondern vor allem daran, dass sich die einzelnen Personen Zeit für ihre Trauer und Nöte nehmen und sich mit Hilfe eines Rituals bewusst davon verabschieden. Ich bin davon überzeugt, dass es am besten ist, wenn eine Gruppe oder auch einzelne Kinder bzw. Erwachsene ihre eigenen Rituale entdecken. Verändern Sie also diese Übung, wenn Ihnen oder den Kindern eine eigene Idee kommt.

Hoffnungsfundament

Spieler/innen:	zwei und mehr
Alter:	ab 3 Jahren
Zeit:	15 Minuten
Material:	eine Schatzkiste, Dinge, die den Kindern im Wald wichtig sind
Ort:	im Wald

Wenn die Kinder immer nur im Sommer die Möglichkeit haben, in den Wald zu gehen, und es wird Herbst, wird es den Kindern schwer fallen, sich von den schönen Tagen im Wald zu trennen. Dann können sie sich eine schöne kleine Schatzkiste basteln und in diese die Dinge legen, die sie im nächsten Sommer auf jeden Fall im Wald wieder brauchen werden. Diese Kiste wird gut eingewickelt und im Wald vergraben. Damit haben die Kinder die Sicherheit, dass sie im nächsten Jahr wieder in den Wald gehen werden, und sie freuen sich darauf, die Kiste und deren Inhalt neu zu entdecken.

Sommerfreundschaft

Spieler/innen:	zwei und mehr
Alter:	ab 3 Jahren
Zeit:	20 Minuten
Material:	eine Schatzkiste
Ort:	im Wald

Verlassen die Kinder für eine längere Zeit den Wald – zum Beispiel, weil es im Winter keine Möglichkeit gibt, in den Wald zu kommen –, dann suchen sie am letzten Tag lauter Dinge, die ihnen fehlen werden. Diese Gegensände kommen in die Schatzkiste. In der Kindertagesstätte bekommt diese Kiste natürlich einen ehrenvollen Platz. Ab und zu wird diese Kiste wie eine geheimnisvolle Schatztruhe gemeinsam geöffnet. Dann können sich die Kinder in aller Ruhe ihre Schätze anschauen und dabei ins Schwärmen geraten, wie schön es im Wald war und im nächsten Sommer wieder sein wird.

Das Jahr im Wald

Spieler/innen:	ein Kind und mehr
Alter:	ab 3 Jahren
Zeit:	für die Vorbereitung 1 Stunde
Material:	Haken, Ast, Schnur, Material aus dem Wald, Tapete, Nägel, Hammer, Plakafarben, evtl. Gips und 1 Eimer
Ort:	im Wald und in der Kindertagesstätte

Zwei etwa 1,50 Meter lange Stücke Tapete werden mit Grün und Blau bemalt. Das Grün steht für die Wiese, das Blau für den Himmel; es können also ruhig unterschiedliche Töne sein. Wenn die Tapete trocken ist, wird sie an der Wand angebracht. Im Wald suchen die Kinder nun einen Ast, der etwa 1 Meter lang und sehr verzweigt ist. Oder sie nehmen verschiedene kleinere Äste aus dem Wald mit in die

Kindertagesstätte. Die Kinder bauen aus den Ästen nun einen Baum, der auf der Tapete befestigt wird. (Am besten wird er mit einem Haken an der Wand befestigt.) Jedes Mal, wenn die Kinder nun in den Wald gehen, bringen sie einen Gegenstand für diesen Baum mit: Blätter werden als Kette darüber gehängt, leere Schneckenhäuser angeklebt. Die Kinder gestalten den Baum immer wieder neu und stellen so den Bezug zur Jahreszeit her.

Wenn es in der Kindertagesstätte keine freie Wand gibt, kann der Ast auch in einen alten Eimer eingegipst werden. Dazu wird eine kleine Menge Gips angerührt und in den Eimer gegossen. Wenn er ein wenig angezogen hat, stellen die Kinder den Ast in die Mitte des Eimers und halten ihn fest. Dann wird wieder etwas Gips angerührt und in den Eimer gegeben. Wenn dieser zu trocknen beginnt, sollte der Ast von allein stehen bleiben. In den nächsten Tagen wird der Eimer immer weiter mit Gips aufgefüllt. Damit der Gips gut trocknen kann, nehmen die Kinder immer nur kleine Mengen. Auf die letzte Schicht legen sie kleine Steine oder bunte Murmeln und decken damit den Gips weitgehend zu.

Der Gips kann zum Schluss auch bemalt werden. Erst wenn die letzte Schicht Gips gut getrocknet ist, sollte der Ast geschmückt und belastet werden.

Ich habe dabei

Spieler/innen:	zwei und mehr
Alter:	ab 3 Jahren
Zeit:	10 Minuten
Material:	keines
Ort:	im Wald

Die Kinder treffen sich am Ende des Tages gemeinsam im Kreis. Jedes Kind hat im Lauf des Tages einen Gegenstand gesucht, der ihm entweder besonders gut gefällt oder mit dem er heute etwas Tolles gemacht hat. Die Kinder zeigen sich nun gegenseitig ihre Gegenstände und erzählen eine Geschichte dazu. Wenn es in der Kindertagesstätte ein Waldregal gibt, können die Kinder gemeinsam entscheiden, welchen Gegenstand sie dafür mitnehmen wollen.

Mein Ding ist

Spieler/innen:	zwei und mehr
Alter:	ab 3 Jahren
Zeit:	10 Minuten
Material:	keines
Ort:	im Wald

Wieder treffen sich die Kinder am Ende des Waldtages im Kreis. Jedes Kind hat einen Gegenstand mitgebracht. Nun beginnt ein Kind, eine Geschichte zu erzählen. Darin soll sein eigener Gegenstand vorkommen. Wenn es keine Lust mehr hat, dann ist das Kind rechts neben ihm an der Reihe. Es erzählt weiter und baut in die Geschichte den eigenen mitgebrachten Gegenstand ein.

Waldtisch

Spieler/innen:	ein Kind und mehr
Alter:	ab 3 Jahren
Zeit:	20 Minuten
Material:	schöner Stoff oder eine Tischdecke, ein Tischchen, eine Kerze
Ort:	in der Kindertagesstätte und im Wald

Auf ein kleines Tischchen oder eine Kiste wird ein schöner Stoff oder eine Tischdecke gelegt. Roter oder blauer Pannesamt passt besonders gut. Die Kinder bringen aus dem Wald schöne Sachen zur Dekoration mit. Damit wird der Tisch geschmückt und immer wieder neu gestaltet. Wenn die Kinder in der Kindertagesstätte etwas zum Thema Wald erarbeiten oder einfach ein Waldlied singen möchten, wird die Kerze angezündet. Der Tisch kann zusätzlich noch den Jahresreigen aufnehmen. Dann liegen an Ostern kleine Eier im Moos, oder an Weihnachten wird gemeinsam aus den Waldmaterialien eine Krippe gebaut, und während des Ramadan liegen Obst und Gemüse da.

Schlusskreis

Spieler/innen: zwei und mehr
Alter: ab 3 Jahren
Zeit: 10 Minuten
Material: keines
Ort: im Wald

Bevor die Kinder vom Wald nach Hause gehen, setzen sich alle noch einmal zusammen in einen Kreis und erzählen eine Geschichte. In den Anfängen kann die Erzieherin aus Büchern Geschichten über die Natur und den Wald vorlesen. Später beginnen die Kinder, gemeinsam Geschichten zu erfinden. Das können Geschichten sein über Dinge, die sie an diesem Tag erlebt oder gesehen haben, oder auch frei erfundene Geschichten. Zum Beispiel von den Abenteuern eines Eichhörnchens, das in „ihrem" Wald lebt.

3 Am Baum, hinterm Baum, um den Baum herum

Bewegungs-, Such- und Fangspiele

Wenn Kinder im Wald gehen, laufen und hüpfen, müssen sie auf vieles achten und viele Informationen gleichzeitig umsetzen. Tagaus, tagein gehen sie auf ebener Erde, laufen auf geteerten Plätzen und erklimmen genormte Treppenstufen. Im Wald aber müssen sie die Unebenheiten des Waldbodens ausgleichen und Steinen oder Ästen ausweichen. Hierbei sind die unterschiedlichsten Sinne gleichzeitig gefordert, verschiedene Fertigkeiten müssen miteinander verknüpft werden.

Das beste Bewegungsspiel für Kinder im Wald ist das freie Spiel, wenn sie ohne einschränkende Regeln laufen, klettern und immer wieder innehalten und neu Entdecktes genau untersuchen können. Lassen Sie den Kindern diese Freiheit so oft wie möglich, damit sie ihren Wald entdecken können. Bieten Sie die Regelspiele von sich aus selten an.

Waldolympiade

Spieler/innen:	fünf und mehr
Alter:	ab 4 Jahren
Zeit:	60 Minuten
Material:	aus dem Wald
Ort:	im Wald

Die Waldolympiade besteht aus einer Reihe unterschiedlicher Spiele und Übungen, welche die Kinder nacheinander ausprobieren können. Dabei geht es nicht darum, besser zu sein als die anderen, sondern selbst Übung zu bekommen und damit die Sicherheit für das Freispiel zu erhöhen.

Folgende Stationen kann es bei der Waldolympiade geben:

Stamm auf, Stamm ab

Die Kinder sollen einzeln und nacheinander einen schrägen Baumstamm hochklettern. Wer macht es auf allen vieren, wer kann es auch schon im aufrechten Gang? Und wer kommt genauso sicher wieder zurück? Die Kinder experimentieren ein wenig und tauschen sich über die Erfahrungen aus, wie es am besten geht.

Inselhopsen

Die Kinder springen auf Baumstümpfe, die sie gefunden haben oder die extra für die Kinder aufgestellt wurden. Wenn einige Stümpfe nebeneinander stehen, können die Kinder versuchen, von einem Baumstumpf zum nächsten zu springen. Später können sie den Kindern als Stuhl dienen.

Pferdegalopp

Die Kinder springen wie die Pferde bei einem Turnier über Äste, die zunächst auf dem Boden liegen. Dabei liegen mehrere Äste in geringem Abstand hintereinander, sodass die Kinder immer nur mit einem

Fuß auftreten können, bevor sie wieder hüpfen müssen. Um den Schwierigkeitsgrad zu erhöhen, können die Äste auch ein wenig geschichtet oder auf Steine gelegt werden, damit sie höher sind und die Kinder richtig springen müssen.

Hinterrücks aufs Ziel

Die Kinder suchen sich kleine Stöckchen. Diese werfen sie nacheinander über die Schulter hinter sich und versuchen dabei, einen Baum zu treffen. Oder es kann ein Kreis aus Blättern auf den Waldboden gelegt werden, in dem die Stöckchen landen müssen. Wenn alle ihre Stöckchen geworfen haben, werden sie gemeinsam wieder geholt.

Mini-Herkules

Die Kinder versuchen, allein einen dicken Ast oder einen kleineren Baumstamm hochzustemmen. Oder aber sie versuchen gemeinsam, einen größeren Baumstamm anzuheben.

Rückwärtsgang

Die Kinder suchen sich ein unebenes Wald- oder Geländestück aus mit Wurzeln und Steinen, aber ohne große Gräben. Sie versuchen nun, rückwärts zu gehen, ohne dabei zu stolpern. Wie schnell können die Einzelnen laufen, wenn sie sich gar nicht umdrehen dürfen?

Seiltänzer

Die Kinder suchen unterschiedlich dicke Baumstämme, die in der Nähe auf dem Boden liegen. Beim dicksten beginnen sie damit, einmal der Länge nach über ihn zu balancieren. Danach kommt der Baum an die Reihe, der nicht ganz so dick ist, dann der nächstdünnere – so lange, bis alle Kinder einmal über den dünnsten Baumstamm gelaufen sind.

Auf einem Bein

Die Kinder suchen sich Baumstümpfe aus und stellen sich darauf. Dann zieht jeder das linke Bein an. Wer kann am längsten auf dem Stumpf stehen bleiben und das auf einem Bein? Wenn alle wieder auf beiden Beinen stehen, wird das rechte Bein angezogen.

Affenschaukel

Die Affen schaukeln an ganz gewöhnlichen Ästen und sie haben ein gutes Gespür dafür, welche Äste stark genug sind, ihr Gewicht zu tragen. Finden die Kinder Äste, die sich dazu eignen? Wer versucht als Erster, wie die Affenschaukel funktioniert?

Rindenweitwurf

Die Kinder suchen sich ein Stück Rinde. Die besten Rindenstücke finden sich an gefällten oder umgeknickten Bäumen. Nun versucht jedes Kind, sein Rindenstück möglichst weit zu werfen. Dabei werden verschiedene Techniken ausprobiert und die Kinder tauschen sich gegenseitig über die Erfolge beim Weitwurf aus.

Stock balancieren

Jedes Kind sucht sich einen Stock, einen abgefallenen Ast, der möglichst gerade gewachsen ist und wenig Zweige hat. Er wird jetzt balanciert, und zwar zunächst auf der Handinnenfläche. Mit etwas Übung ist es auch bald nicht mehr so schwer, den Stock auf einem Finger zu balancieren, ohne große Ausgleichsbewegungen machen zu müssen.

Hamstern

Die Kinder haben dreißig Sekunden Zeit. Sie laufen los und versuchen, so viele Kastanien, Eicheln oder Bucheckern zu sammeln wie sie können. Ist die Zeit abgelaufen, dann ruft die Erzieherin laut stopp und die Kinder zählen ihre gesammelten Früchte und Nüsse.

Maulwurf

An einer Stelle, an der der Waldboden nicht so fest ist, beginnen die Kinder auf ein gemeinsames Startzeichen hin, Löcher in die Erde zu graben. Wer kann als Erster die Faust im Loch verschwinden lassen?

Transport

Jedes Kind sucht sich eine Astgabel und einen weiteren Stock. Nun legt jeder den Stock quer über die Astgabel und versucht, den Stock so zu transportieren, dass er nicht herunterfällt. Dabei gehen die Kinder einmal über einen Baumstamm, kriechen unter einem niedrigen Ast hindurch oder klettern über ihn hinweg. Wer kann eine bestimmte Strecke bewältigen, ohne den Stock fallen zu lassen?

Zapfenstreich

Die Kinder sammeln Zapfen und legen sie auf einen Haufen – je mehr, desto besser. Nun nimmt jeder eine Anzahl Zapfen, beugt sich nach vorn und versucht, einen Zapfen nach dem anderen durch die eigenen Beine auf ein Ziel zu werfen. Das kann wieder ein Baum sein oder ein Kreis aus Blättern auf dem Waldboden.

Blätterschale

Wenn ein kleiner Bach durch das Waldstück fließt, dann suchen sich die Kinder große Blätter und versuchen damit, Wasser vom Bach in einen Eimer oder Becher, der wenige Meter entfernt steht, zu transportieren.

Dem Waldschrat hinterher

Spieler/innen:	zwei und mehr
Alter:	ab 3 Jahren
Zeit:	10 Minuten
Material:	ein kurzer Ast, nicht länger als 15 cm
Ort:	im Wald

Ein Kind ist der Waldschrat und hat einen kleinen Ast in der Hand. Es beginnt durch den Wald zu gehen. Die anderen Kinder gehen hinterher und machen ihm alles nach. Der Waldschrat hüpft über einen Steinhaufen, krabbelt unter einem Gebüsch hindurch, läuft auf einem gefällten Baumstamm entlang und so weiter. Wenn das Kind keine Lust mehr hat, Waldschrat zu sein, gibt es den Stock einfach einem anderen Kind, das sich nun neue Wege und Aktionen ausdenkt und den anderen vormacht. Anstelle eines Astes können die Kinder auch etwas anderes nehmen, etwa eine Kastanie oder einen Stein.

Baum klettern

Spieler/innen:	ein Kind und mehr
Alter:	ab 3 Jahren
Zeit:	5 Minuten
Material:	keines
Ort:	im Wald

In jedem Wald gibt es tolle Kletterbäume, deren unterste Äste selbst für Kinder leicht erreichbar sind. Vor allem Tannen eignen sich gut zum Hinaufklettern. Damit die Erzieherin nicht dauernd Angst haben muss, kann sie mit einem roten Band die Stelle markieren, bis zu der die Kinder klettern dürfen. Die Erzieherin sollte aber nicht zu ängstlich sein. Kinder spüren sehr gut, was sie sich zutrauen können. Wenn das Band in einer Höhe von etwa zwei Metern befestigt ist, werden die Kleinen vermutlich zu Anfang gar nicht so weit in den Baum steigen.

Spinnen fangen Insekten

Spieler/innen:	drei und mehr
Alter:	ab 3 Jahren
Zeit:	10 Minuten
Material:	eventuell eine sehr lange Paketschnur (12 Meter)
Ort:	im Wald

Spinnen sind tolle Tiere und es gibt eigentlich gar keinen Grund, sich vor ihnen zu gruseln. Ein Spinnennetz wird aus einem Faden gemacht, der mindestens zehn Mal so lang ist wie die Spinne selbst. Wenn also ein Kind 1,20 Meter groß ist, wäre der Spinnenfaden zumindest 12 Meter lang. Diese 12 Meter als Schnur werden nun im Wald als Kreis auf den Boden gelegt. So groß ist das Spinnennetz. Die Kinder können aber auch Blätter nehmen, um ein großes Spinnennetz zu begrenzen. Nun gehen zwei Kinder als Insekten in das Netz. Ein drittes Kind ist die Spinne und versucht, die beiden Insekten zu fangen. Alle drei dürfen sich nur innerhalb des Kreises bewegen und nur auf der Schnur gehen. Ist es der Spinne gelungen, beide Insekten zu fangen, werden neue Spieler bestimmt.

Vogelkinder brauchen Futter

Spieler/innen:	zwei und mehr
Alter:	ab 3 Jahren
Zeit:	15 Minuten
Material:	70 Zahnstocher, Wasserfarben in grün und braun, Pinsel und Wasser
Ort:	im Wald

Die Kinder malen 30 Zahnstocher mit brauner Wasserfarbe an, weitere 20 werden grün bemalt. Die restlichen Zahnstocher bleiben, wie sie sind. Im Wald verstreut die Erzieherin nun auf einem ungefähr 25 Quadratmeter großen Gebiet die Zahnstocher. Drei (von jeder Farbe einen) behält sie zurück. Sie kann nun den Kindern eine Geschichte von Vogeleltern erzählen, die mühsam das Futter für ihre Jungen suchen müssen. Dabei zeigt sie den Kindern die Zahnstocher und schickt sie in das Gebiet, die Zahnstocher zu suchen. Wie viele davon die Kinder wohl wiederfinden? Wenn einige Zahnstocher nicht wieder auffindbar sind, macht das nichts, da sie schnell verrotten.

Gras, Matsch und Eis

Spieler/innen:	zwei und mehr
Alter:	ab 4 Jahren
Zeit:	5 Minuten
Material:	keines
Ort:	im Wald

Die Kinder gehen nach den Anweisungen der Erzieherin in einem großen Kreis durch den Wald. Sie erzählt ihnen dabei eine Geschichte vom Gehen im Regen, im Winter, auf heißem Sand durch Gras, Schnee, Moor oder welkes Laub. Die Kinder passen ihren Gang der Erzählung an. Auf dem imaginären heißen Sand laufen sie schnell und auf Zehenspitzen, im Schnee stapfen sie langsam und beschwerlich, im Moor kommen sie kaum voran. Wenn die Kinder es wollen und der Waldboden es zulässt, können sie Schuhe und Strümpfe ausziehen und das Spiel barfuß spielen.

Tarzanschaukel

Spieler/innen:	ein Kind und mehr
Alter:	ab 4 Jahren
Zeit:	5 Minuten
Material:	ein dickes Seil
Ort:	im Wald

Die Kinder binden mit Hilfe der Erzieherin ein Seil um einen dicken Ast. Es sollte mit vielen Knoten befestigt werden. Dann werden in das herunterhängende Seil wieder einige Knoten gemacht, und zwar so, dass etwa fünfzig Zentimeter über dem Boden ein Riesenknoten entsteht. Dieser Knoten kann als Sitz zum Schaukeln dienen oder auch um darauf zu stehen und sich mit dem Seil zu bewegen. Die Kinder werden schnell herausfinden, wie sie am geschicktesten mit dieser Tarzanschaukel umgehen.

Bäume im Kreis

Spieler/innen: drei und mehr
Alter: ab 4 Jahren
Zeit: 10 Minuten
Material: keines
Ort: im Wald

Die Kinder suchen sich ein paar Bäume aus, die möglichst im Kreis stehen. Alle bis auf ein Kind stehen neben oder vor einem Baum und berühren ihn. An jedem Baum darf nur ein Kind sein. Das Kind ohne Baum ist der Fänger und steht in der Mitte des Baumkreises. Es ruft: „Bäume wechseln!" Daraufhin müssen alle Kinder die Bäume wechseln. Der Fänger versucht, eines der Kinder abzufangen, bevor es einen freien Baum berührt. Wer abgefangen wird, ist neuer Fänger.

Maus versteckt

Spieler/innen: sechs und mehr
Alter: ab 3 Jahren
Zeit: 10 Minuten
Material: Blätter oder Stöckchen
Ort: im Wald

Immer zwei Kinder legen auf dem Boden einen Kreis aus Blättern oder Stöckchen. Das ist ihr Nest, in dem sie als Mäuse vor der Katze sicher sind. Eine Maus bleibt übrig, die kein Nest hat. Sie wird von der Katze verfolgt und kann sich retten, indem sie in ein fremdes Nest springt. Doch es dürfen immer nur zwei Mäuse im Nest sein, so dass eine der beiden Mäuse, die im Nest saßen, hinaus muss. Diese wird jetzt von der Katze verfolgt. Hat die Katze die Maus gefangen, tauschen die beiden ihre Rollen. Die neue Maus darf sich ein Nest aussuchen und sich erst einmal ausruhen. In einigem Abstand wartet die Katze, bis die hinausgeworfene Maus flieht, dann erst geht das Spiel weiter.

Bei kleinen Kindern, die das Spiel noch nicht kennen, ist es sinnvoll, die Nester zunächst immer nur mit einer „Maus" zu besetzen.

Fuchsjagd

Spieler/innen:	acht und mehr
Alter:	ab 4 Jahren
Zeit:	10 Minuten
Material:	Baumstumpf und Stöckchen
Ort:	im Wald

Alle Kinder stellen sich hintereinander mit gegrätschten Beinen auf. Der so entstandene Gang zwischen ihren Beinen ist der Fuchsbau. Ein paar Meter vor dem Fuchsbau steht ein Baumstumpf, darauf liegt das Stöckchen. Das erste Kind in der Reihe ist der Fuchs. Es nimmt das Stöckchen, läuft ans Ende des Fuchsbaues und klopft dem letzten Kind mit dem Stöckchen auf den Po. Dieses Kind ist der Jäger. Der Fuchs läuft zurück zum Baumstumpf, legt das Stöckchen wieder ab und läuft davon. Doch der Jäger folgt ihm dicht auf den Fersen. Er nimmt das Stöckchen vom Baumstumpf und läuft dem Fuchs hinterher. Er versucht, den Fuchs so oft wie möglich mit dem Stöckchen auf den Po zu hauen. Der Fuchs ist erst in Sicherheit, wenn er am Ende der Reihe in den Fuchsbau gekrochen ist. Er kriecht ganz durch und stellt sich vorn in die Reihe. Jetzt verwandelt sich der Jäger in den Fuchs und klopft mit dem Stöckchen wieder dem letzten Kind in der Reihe auf den Po, worauf es zum Jäger wird. Der verfolgt den Fuchs, der jetzt wieder nach vorn läuft, das Stöckchen ablegt und möglichst schnell wieder hinten in den Fuchsbau krabbelt. Wenn alle Kinder einmal an der Reihe waren, ist das Spiel zu Ende.

Heuschlacht

Spieler/innen:	zwei und mehr
Alter:	ab 3 Jahren
Zeit:	15 Minuten
Material:	frisches Heu
Ort:	auf einer Wiese

Wenn Sie mit der Kindergruppe auf dem Weg zum Wald an einer Wiese vorbeikommen, die der Bauer ein, zwei Tage zuvor gemäht hat, ist es herrlich, mit dem frischen Heu eine wilde Heuschlacht zu machen. Die Kinder nehmen mit beiden Händen das Heu auf und beginnen sich damit zu bewerfen. Ein duftender Spaß für Klein und Groß, sofern sie keinen Heuschnupfen haben. Das Heu leidet darunter nicht und der Bauer wird sich nicht ärgern, wenn das Heu danach wieder in eine Reihe gelegt wird.

Bei den Buchen musst du suchen

Spieler/innen: drei und mehr
Alter: ab 3 Jahren
Zeit: 10 Minuten
Material: keines
Ort: im Wald

Der Wald ist ein idealer Ort, um sich zu verstecken und sich suchen zu lassen. Ein Kind bleibt an einem Baum stehen, schließt die Augen und beginnt, mit den Fingern zwei Mal auf zehn zu zählen. Kleine Kinder können mit der rechten Hand die Finger der linken Hand zwei Mal umschließen. In dieser Zeit verstecken sich die anderen Kinder in der Nähe. Hat das Kind alle Finger umfasst, darf es suchen gehen. Wenn ein Kind von ihm entdeckt wurde, dann muss es schnell zum Baum zurück laufen und rufen: „... (Name des Kindes) ... hab dich gefunden, bleib' nicht länger verschwunden." Das gerufene Kind kommt heraus und hilft dem anderen beim Suchen. Sind alle Kinder gefunden, beginnt ein anderes Kind mit dem Suchen oder die Kinder beginnen ein anderes Spiel.

Hinter den Linden werdet ihr mich finden

Spieler/innen: sechs und mehr
Alter: ab 3 Jahren
Zeit: 15 Minuten
Material: keines
Ort: im Wald

Die Kinder stellen sich alle ganz dicht um einen Baum und schließen die Augen. Dabei zählen sie wie im vorangehenden Spiel zwei Mal auf zehn. Ein Kind, das zuvor bestimmt wurde, schleicht sich von der Gruppe weg und versteckt sich gut. Haben die anderen Kinder zu Ende gezählt, beginnen sie einzeln zu suchen. Wenn ein Kind das versteckte Kind gefunden hat, dann setzt es sich ganz leise zu ihm ins Versteck. Das Spiel ist zu Ende, wenn alle Kinder beieinander sitzen.

Eichhörnchen jagen

Spieler/innen: drei und mehr
Alter: ab 3 Jahren
Zeit: 5 Minuten
Material: ein Stück Holz
Ort: im Wald

Ein Stück Holz stellt das Eichhörnchen dar und ein Kind ist der Hüter des Eichhörnchens. Die anderen Kinder aber wollen das Eichhörnchen stehlen. Der Hüter hat das Stück Holz vor sich auf dem Boden oder noch besser auf einem Baumstumpf liegen. Die Kinder versuchen nun, das Eichhörnchen zu nehmen. Dabei dürfen sie sich nicht vom Hüter fassen lassen. Wer nämlich vom Hüter berührt wird, der muss sich an Ort und Stelle auf den Boden setzen und behindert damit die anderen Kinder beim Eichhörnchenfangen. Wer das Eichhörnchen fangen konnte, ohne vom Hüter berührt worden zu sein, darf in der nächsten Runde der Eichhörnchenhüter sein.

Mäusepost

Spieler/innen:	acht und mehr
Alter:	ab 3 Jahren
Zeit:	5 Minuten
Material:	zwei Steine
Ort:	im Wald

Die Kinder bilden zwei gleich große Schlangen, die sich gegenüberstehen. Zwischen diesen beiden Schlangen sollte eine Gasse sein. Das letzte Kind jeder Schlange hat einen Stein in der Hand. Er krabbelt durch die gegrätschten Beine der anderen Kinder und stellt sich vorn an die Schlange. Dann reicht es den Stein dem Kind hinter sich und so landet der Stein wieder beim letzten Kind, das daraufhin durch die Schlange nach vorn krabbelt. Die beiden Schlangen wandern so immer weiter aufeinander zu, bis sie sich berühren. Dann tauschen sie die Steine aus und nun geht das ganze Spiel wieder rückwärts: Das erste Kind nimmt den Stein und krabbelt rückwärts durch die Beine der anderen. Dann gibt es den Stein nach vorne und das nächste Kind krabbelt nach hinten. Ist das Kind, das zu Anfang des Spiels am Ende der Schlange stand, wieder auf seinem ursprünglichen Platz angelangt, ist das Spiel zu Ende.

Spaziergänger und Reiter

Spieler/innen:	fünf und mehr
Alter:	ab 4 Jahren
Zeit:	10 Minuten
Material:	keines
Ort:	im Wald

Zwei Kinder sind Spaziergänger und laufen durch ein Waldstück, das zum Spielfeld bestimmt wurde. Die anderen Kinder sind Reiter und galoppieren auf dem Spielfeld umher. Die Erzieherin ruft nach einer Weile: „Reiterfreier Wald!", dann müssen sich alle Reiter schnell an einem zuvor festgelegten Baum versammeln. Die Spaziergänger versuchen aber noch möglichst viele von den Reitern zu fangen, bevor sie den Baum erreichen. Wer den Baum berührt, ist in Sicherheit. Die gefangenen Reiter sind nun auch Spaziergänger und die nächste Runde beginnt. Das Spiel geht so lange, bis alle Reiter zu Spaziergängern geworden sind.

Windmühle

Spieler/innen: drei und mehr
Alter: ab 4 Jahren
Zeit: 2 Minuten
Material: keines
Ort: auf der Wiese

Ein Kind ist die Windmühle und es steht zwischen zwei anderen Kindern. Diese beiden sind die Windmühlenblätter. Sie haken sich an den Armen der Windmühle ein. Dann geht es los. Ganz langsam beginnt die Windmühle sich zu drehen. Sie wird schneller und schneller, bis die Windmühlenblätter von ihr abfallen und im Gras landen. Nach einer kleinen Verschnaufpause ist ein anderes Kind die Windmühle.

Was Rundes, was Glattes, was Schweres

Spieler/innen: zwei und mehr
Alter: ab 3 Jahren
Zeit: 10 Minuten
Material: keines
Ort: im Wald

Die Kinder stehen im Kreis um die Erzieherin. Die Erzieherin sucht sich ein Eigenschaftswort aus, das die Kinder kennen. Sie sagt zum Beispiel: „Ich brauche etwas Rundes." Daraufhin laufen alle Kinder los und suchen einen rundlichen Gegenstand. Danach braucht sie etwas Schweres und so weiter. Die Erzieherin kann auch Farben oder bestimmte Materialien nennen, welche die Kinder dann in der näheren Umgebung suchen sollen.

Versteckte Edelsteine

Spieler/innen:	vier und mehr
Alter:	ab 4 Jahren
Zeit:	10 Minuten
Material:	zweimal 5 gleiche, auffallende Gegenstände
Ort:	im Wald

Die Kinder teilen sich in zwei Gruppen. Jede Gruppe erhält fünf gleiche Gegenstände. Eine Gruppe geht nun rechts von der Erzieherin, die andere links von ihr ein Stückchen in den Wald und versteckt dort die Gegenstände. Wenn sie fertig sind, kommen alle zurück zur Erzieherin. Anschließend tauschen die Gruppen die Seite und suchen die Gegenstände der anderen Gruppe. Wenn sie nach ein paar Minuten nicht alle gefunden haben, helfen sich die Gruppen gegenseitig.

Erdball

Spieler/innen:	zwei und mehr
Alter:	ab 3 Jahren
Zeit:	5 Minuten
Material:	für jedes Kind einen leeren Joghurtbecher
Ort:	im Wald

Zwei Kinder stehen sich gegenüber. Ein Kind hat seinen Becher mit Erde aus dem Wald gefüllt. Nun versucht es, die Erde aus dem Becher heraus zu dem anderen Kind zu schleudern. Das andere Kind versucht, die Erde mit seinem Becher aufzufangen, dann wirft es die Erde zum ersten Kind zurück. Nach jedem Wurf gehen die Kinder ein kleines Stück weiter auseinander. Das geht so hin und her, bis keine Erde mehr in den Bechern ist. Wie weit die beiden dann wohl auseinander stehen?

Frösche auf dem Teich

Spieler/innen: zwei und mehr
Alter: ab 3 Jahren
Zeit: 10 Minuten
Material: Blätter
Ort: im Wald

Die Kinder legen auf einer begrenzten Fläche (ca. 10 m²) viele kleine Inseln aus Blättern auf den Boden. Sie sind Frösche und haben heute keine Lust zum Schwimmen. Deshalb hüpfen sie von Blatt zu Blatt, ohne daneben und damit „ins Wasser" zu springen. Schön ist es, wenn einige Blattinseln größer sind und sich zwei oder drei Kinder dort treffen können. Kleinere Blattinseln dürfen nur kurz von zwei Kindern gleichzeitig belegt sein, sonst gehen sie unter und beide Frösche werden nass.

Verwurzelte Bäume

Spieler/innen:	fünf und mehr
Alter:	ab 4 Jahren
Zeit:	5 Minuten
Material:	keines
Ort:	auf einer Waldwiese

Die Kinder begrenzen mit Stöcken oder Blättern ein Spielfeld. Ein Kind beginnt als Fänger, die anderen laufen davon. Hat der Fänger ein Kind gefangen, verwandelt es sich in einen Baum und muss stehen bleiben. Es wird seinerseits zu einem Fänger, der allerdings wie verwurzelt dastehen muss. Wenn ein Kind an ihm vorbeiläuft und der Baum es berühren kann, dann wird das Kind ebenfalls zum Baum. Das Spiel ist beendet, wenn neben dem Fänger nur noch verwurzelte Bäume auf dem Spielfeld stehen.

Wenn im Herbst die Blätter fallen

Spieler/innen:	vier und mehr
Alter:	ab 3 Jahren
Zeit:	5 Minuten
Material:	keines
Ort:	im Wald

Die Kinder teilen sich in zwei Gruppen. Eine Gruppe sind fallende Blätter, die andere Gruppe stellt den Wind dar. Die Blätter fangen an zu tanzen und fallen dabei ganz langsam zu Boden: Erst bewegen sich die Kinder schnell und wild, schließlich werden sie immer langsamer und gehen in die Hocke. Die Kinder, die den Wind darstellen, laufen umher und wirbeln die Blätter auf, indem sie sie berühren. So werden die Blätter weiter geweht. Wenn schließlich doch alle Blätter zu Boden gefallen sind, wechseln die Kinder die Rollen.

Verstecktes Baumbild

Spieler/innen:	zwei und mehr
Alter:	ab 4 Jahren
Zeit:	10 Minuten
Material:	ein selbst gemachtes Puzzle (gemalt oder fotografiert) von einem Baum
Ort:	im Wald

Die Erzieherin versteckt in einem Waldgebiet die einzelnen Teile des Baumpuzzles. Alle Kinder suchen gemeinsam nach den Teilen. Haben sie eines gefunden, dann bringen sie es zum Platz, an dem die Erzieherin auf die Kinder wartet. Sind alle Puzzleteile gefunden, dann können die Kinder das Puzzle gemeinsam zusammensetzen.

Anmerkung: Wenn die Erzieherin mit den Kindern ein neues Thema bearbeiten möchte, kann sie dazu ein Bild als Puzzle vorbereiten. Während die Kinder das Puzzle zusammensetzen, können sie raten, was es wohl darstellen soll. So kann die Neugier der Kinder auf das neue Thema geweckt werden.

4 Blätterfee im Eichelpark

Spiele und Gestaltungsideen mit Materialien aus dem Wald

Im Wald muss es für die Kinder nicht immer wild hergehen. In diesem Kapitel sind Spiele und kreative Aktionen beschrieben, die es den Kindern ermöglichen, auch im Wald konzentriert und feinmotorisch zu arbeiten. Das bedeutet in einigen Fällen, dass zusätzliches Material aus der Kindertagesstätte mitgenommen werden muss. Ich habe aber die Erfahrung gemacht, dass es sich immer lohnt, etwas Papier, ein paar Stifte, Klebstoff und Scheren mitzunehmen. Wenn ein Bollerwagen zur Verfügung steht, ist auch der Transport kein Problem. Die Kinder haben dann die Möglichkeit, jederzeit ihren kreativen Neigungen im Bereich Basteln, Malen und Zeichnen nachzugehen.

Zudem haben Kinder ein ausgeprägtes Bedürfnis, ihre Umwelt zu gestalten. Im Folgenden finden Sie also auch ein paar Ideen, die den Kindern diesen Gestaltungsspielraum gewähren, ohne dem Wald zu schaden.

Blütenbilder

Spieler/innen:	ein Kind und mehr
Alter:	ab 3 Jahren
Zeit:	10 Minuten
Material:	aus dem Wald
Ort:	im Wald

Die Kinder sammeln unterschiedliche Blüten, Blätter, Ästchen oder Federn. Dann räumen sie ein Stück Waldboden frei, streichen die Erde glatt und ziehen mit einem Stöckchen einen Rahmen in die Erde bzw. legen einen Rahmen aus Ästen und Stöckchen. Nun können sie beginnen, in diesem Rahmen ein Bild zu gestalten. Dabei wirken die unterschiedlichen Farben der Blüten wunderschön.

Natürlich können die Kinder solche Bilder auch auf Papier kleben. Die Blätter und Blüten können auch getrocknet und aufbewahrt werden. Sie verändern dadurch ein wenig ihre Farben, können aber weiterhin zur Gestaltung benützt werden.

Im Säckchen

Spieler/innen: zwei und mehr
Alter: ab 3 Jahren
Zeit: 10 Minuten
Material: zwei Stoffbeutel
Ort: im Wald

Als Beutel können Stofftaschen dienen, die mit etwas Schnur an der Öffnung ein wenig enger gebunden werden.

Auf einen der Beutel wird mit roter Farbe ein Kreuz gemalt. Die Kinder sammeln unterschiedliche Gegenstände im Wald, und zwar jeweils in doppelter Ausführung. Gemeinsam schauen sie sich all die gesammelten Dinge an, benennen und beschreiben sie. Von jedem Gegenstand kommt nun je einer in die zwei Beutel.

Das erste Kind greift mit beiden Händen in je einen Beutel und versucht, in beiden Taschen denselben Gegenstand zu ertasten. Ist es sich sicher, dass es in beiden Händen denselben Gegenstand hält, nimmt es beide heraus.

Stimmen die Gegenstände überein, darf es einen Gegenstand behalten, der andere wird wieder zurück in den Beutel mit dem roten Kreuz gelegt. Nun ist das nächste Kind an der Reihe, ein Gegenstandspaar zu suchen. Ist der nicht markierte Beutel leer, ist das Spiel beendet. Die Kinder legen alle Sachen zurück in den Beutel und können das Spiel von neuem beginnen.

Ich lege vor

Spieler/innen:	zwei und mehr
Alter:	ab 3 Jahren
Zeit:	10 Minuten
Material:	für jedes Kind eine Stofftasche
Ort:	im Wald

Die Kinder bekommen den Auftrag, verschiedene Gegenstände im Wald zu suchen. Jedes Kind soll Ästchen, Blüten und unterschiedliche Früchte wie Eicheln oder Kastanien sammeln. Auch Tannenzapfen und Rindenstücke sollen mitgebracht werden. Die Sachen werden gemeinsam begutachet und die Kinder tauschen sie untereinander aus.

Wenn jedes Kind die gleichen Gegenstände wie alle anderen hat, legt es sie in seinen Beutel. Nun setzen sich die Kinder in einen Kreis und das Spiel beginnt. Ein Kind greift in seinen Beutel, nimmt einen Gegenstand heraus und zeigt ihn den anderen. Die anderen Kinder greifen nun ebenfalls in ihr Säckchen und versuchen, den gleichen Gegenstand zu ertasten. Wer ihn gefunden zu haben glaubt, zieht ihn heraus und vergleicht ihn mit dem vorgegebenen. Wenn alle Kinder den richtigen Gegenstand gefunden haben, stecken sie ihn wieder in den Beutel und das nächste Kind legt einen Gegenstand vor.

Waldkette

Spieler/innen:	zwei und mehr
Alter:	ab 3 Jahren
Zeit:	10 Minuten
Material:	aus dem Wald
Ort:	im Wald

Die Kinder sammeln viele unterschiedliche Gegenstände wie etwa Steine, Stöckchen, Blätter, Schneckenhäuser, Federn, Eicheln, Moosstücke, die alle mehrmals vorkommen sollten. Dann bilden sie einen Kreis und legen all die Dinge in die Mitte.

Nun beginnt ein Kind, einen Stein und ein Stöckchen nebeneinander zu legen. Das ist der Anfang. Das nächste Kind kann nun entweder einen Stein oder ein Stöckchen an das entsprechende Ende anlegen und daneben einen weiteren Gegenstand, zum Beispiel eine Eichel. Reihum legen die Kinder nun Gegenstände an. Dabei muss immer ein Gegenstand an das eine oder andere Ende der Reihe passen und daran darf jedes Kind dann einen weiteren Gegenstand legen, der ihm gefällt.

Blätterhüte und Blütenkronen

Spieler/innen:	ein Kind und mehr
Alter:	ab 3 Jahren
Zeit:	5 Minuten
Material:	Zahnstocher
Ort:	im Wald

Die Kinder sammeln Blätter oder Blüten im Wald. Besonders schön farbenfroh sehen die abgefallenen Blätter im Herbst aus. Nun heften die Kinder immer zwei Blätter mit einem Zahnstocher zusammen. Das Ende des einen Blatts wird so mit dem Anfang des nächsten zusammengesteckt. Blüten werden miteinander verbunden, indem die Enden der Zahnstocher in die Blütenansätze gesteckt werden.

Wenn die so entstandene Kette lang genug ist, wird sie geschlossen und vorsichtig auf den Kopf gesetzt.

Waldkerle

Spieler/innen:	zwei und mehr
Alter:	ab 3 Jahren
Zeit:	15 Minuten
Material:	aus dem Wald
Ort:	im Wald

Die Kinder schließen sich zu Zweiergruppen zusammen und suchen sich zuerst viele kleine Ästchen und Stöckchen. Dann streichen sie an einer Stelle den Waldboden glatt. Ein Kind legt sich flach auf die Erde und das andere Kind legt die Stöckchen so um das liegende Kind herum, dass sie den Körperumriss bilden.

Danach suchen beide Kinder gemeinsam Material, mit dem sie den Umriss ausgestalten können. Wenn alle Kinder fertig sind, stellen sie sich ihre „Gesellen" gegenseitig vor.

Wenn die Kinder wollen, können sie die wildeste Frisur oder die am schönsten geschmückte Hose prämieren und einen echten Waldkerltanz aufführen.

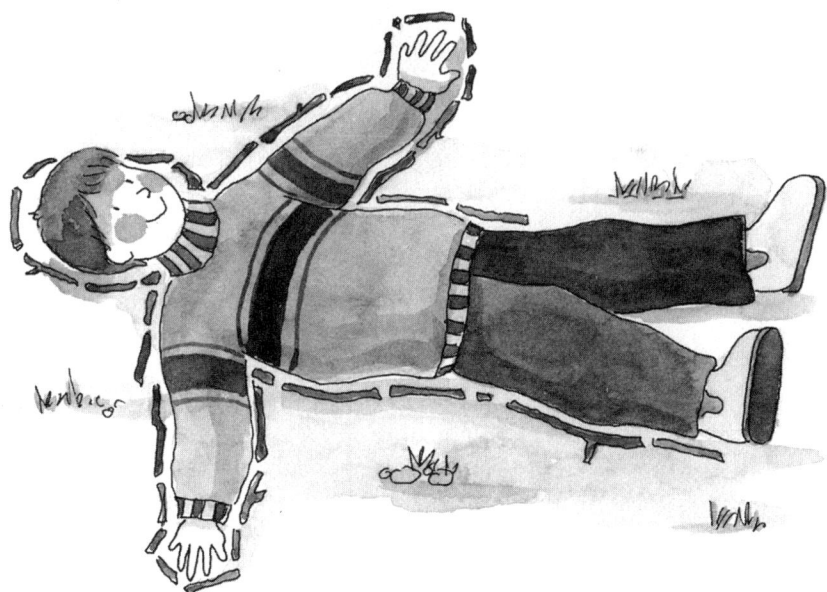

Der abwechslungsreiche Weg

Spieler/innen:	ein Kind und mehr
Alter:	ab 3 Jahren
Zeit:	10 Minuten
Material:	aus dem Wald
Ort:	im Wald

Auf einem langen geraden Stück im Wald entsteht ein Fuß-Fühl-Pfad.

Dazu legen die Kinder aus etwas dickeren Ästen zwei Wegränder. Innerhalb dieser Markierungen werden weiter Äste benutzt, um einzelne Strecken „fächer" abzuteilen. Vier verschiedene Fächer sollten es mindestens sein.

Die einzelnen Fächer werden nun mit verschiedenen Materialien aufgefüllt. In das erste Fach wird Moos gelegt, im nächsten finden sich Tannenzweige; Heu oder Gras liegt dann im dritten Fach, weiche Blätter könnten im vierten Fach liegen. Blätter und Moos fühlen sich schön an, Tannenzweige sind etwas gruselig. Man kann auch eine Tüte voller Sägespäne besorgen oder Sand für ein Fach benutzen.

Die Kinder laufen vorsichtig und mit geschlossenen Augen barfuß über die Flächen. Wer sich nicht gleich traut, schaut erst einmal zu und nimmt dann die Hand eines guten Freundes oder einer guten Freundin.

Der Pfad wird nicht wieder weggeräumt, so dass die Kinder sehen und spüren können, wie sich dieser Pfad im Lauf der Zeit verändert, wenn die Materialien verrotten. Vorsicht ist geboten, wenn kleine Ästchen oder Zapfen in die Fächer fallen, was zu einem unerwarteten Pikser oder gar einer kleinen Verletzung führen kann.

Waldfarben

Spieler/innen:	ein Kind und mehr
Alter:	ab 3 Jahren
Zeit:	15 Minuten
Material:	Tapetenkleister, einige Becher, Papier
Ort:	im Wald

Die Kinder sammeln Dinge im Wald, die unterschiedliche Farben haben. Besonders bunt geht es zu, wenn die Beeren reif sind. Sie suchen Heidelbeeren, Himbeeren, dicke Blätter, Erde oder Blüten.

Immer nur eine Sorte des gesammelten Materials wird dann in einen Becher gefüllt und mit einem dicken Stock zerstampft. Wenn das Mus schön klein gestampft ist, wird angerührter (aber nicht zu flüssiger) Tapetenkleister hinzugegeben und kräftig weiter gerührt. Mit Federn, Halmen, Holzstückchen oder Moos tragen die Kinder die Farben nun aufs Papier auf und probieren aus, was sich damit gestalten lässt. Besser als Papierblätter sind Baumstümpfe oder Holzscheiben, die manchmal im Wald herumliegen (vor allem dann, wenn die Erzieherin den Förster gebeten hat, bei einer Abholzung oder Auslichtung einige Stücke für die Kinder liegen zu lassen).

Anmerkung: Bei dieser Aktion steht nicht das Malen, sondern das Experimentieren im Vordergrund. Die Kinder sollen entdecken, wie sich die Konsistenz der Gegenstände verändert, welche Dinge Farbe abgeben und wie sich die Farbe auftragen und mit anderen Gegenständen verbinden lässt.

Spiel mit den Sinnen

Spieler/innen: zwei und mehr
Alter: ab 3 Jahren
Zeit: 5 Minuten
Material: Filmdöschen
Ort: im Wald

Für die Nase

Füllen Sie Filmdöschen mit unterschiedlich riechenden Gegenständen (Blüten, Pflanzenteile, Erde und so weiter) aus dem Wald und von der Wiese. In die Deckel werden mit einem spitzen Gegenstand kleine Löcher gestochen. Lassen Sie die Kinder riechen und raten, was sich in den Döschen befindet.

Oder Sie füllen immer zwei Döschen mit demselben Duftmaterial und die Kinder versuchen nun, die beiden gleich gefüllten zu finden. Halten Sie eine größere Menge der Materialien bereit, die sich in den Döschen befinden. Zum Schluss des Ratespiels können so alle Kinder die Dinge genau begutachten und befühlen.

Für die Hände

Suchen Sie Dinge im Wald, die sich unterschiedlich anfühlen. Wenn die Sachen zu klein sind, binden Sie einige von ihnen mit Bast zusammen. Die Kinder setzen sich in den Kreis und schließen die Augen. Geben Sie einen Gegenstand nach dem anderen herum. Die Kinder sollen erfühlen, was sie da gerade in der Hand haben.

Oder sie geben jedem Kind ein anderes Stück in die Hand. Wenn es das Material mit den Händen erkundet hat, dann gibt es den Gegenstand nach rechts weiter. Das geschieht so lange, bis ein Kind glaubt, den ersten Gegenstand wieder in der Hand zu halten. Es legt ihn dann hinter sich und reicht ihn nicht mehr weiter, die anderen jedoch gibt es dem Kind rechts neben sich. Alle Kinder halten die Augen geschlossen, bis kein Gegenstand mehr weiter gereicht wird.

Sie können den Kindern auch verschiedene Gegenstände auf den

Handrücken legen. Im Gegensatz zu den Fingerspitzen sind auf dem Handrücken nur wenige tastempfindliche Nerven und so ist es viel schwieriger, den Gegenstand zu erraten.

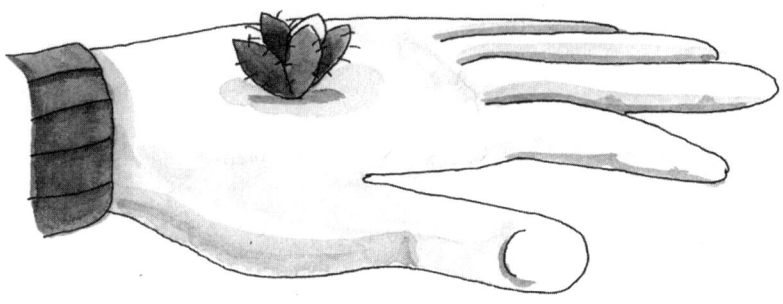

Für die Ohren

Füllen Sie Filmdosen mit unterschiedlich klingenden Materialien. Die Kinder schütteln sie und versuchen herauszufinden, was wohl so klingen mag. Dazu breiten Sie die verwendeten Materialien vor den Kindern aus, so dass sie wissen, was Sie alles verwendet haben. Gemeinsam raten die Kinder, welches Material in den Dosen ist. Sind sie sich einig, dann stellen sie die Dose zum Material. Erst wenn alle Dosen verteilt sind, können die Kinder in die Dosen schauen und sehen, ob sie das Geräusch dem richtigen Material zugeordnet haben.

Eine andere Variante ist, immer zwei gleiche feste Gegenstände aneinander zu schlagen und die Kinder, die ihre Augen geschlossen halten, raten zu lassen, was es sein könnte. Außerdem können als akustisches Rätsel trockene Blätter zerrieben oder ein Stöckchen gebrochen werden.

Gerade oder ungerade

Spieler/innen: zwei und mehr
Alter: ab 5 Jahren
Zeit: 5 Minuten
Material: Eicheln, Haselnüsse oder Ähnliches
Ort: im Wald

Gespielt wird in Zweiergruppen. Beide Kinder haben gleich viele Eicheln in ihrem Vorrat. Das erste Kind beginnt und nimmt hinter dem Rücken eine Anzahl Eicheln – ein bis vier Stück – in die Hand. Dann streckt es die zur Faust geschlossene Hand vor und der Mitspieler muss nun raten, ob es eine gerade oder eine ungerade Anzahl von Eicheln in der Hand hält. Hat das Kind richtig geraten, bekommt es die Eicheln, die das andere Kind in der Hand hat. Rät es falsch, muss es eine von den eigenen Eicheln in die Hand dazulegen, damit seine Vermutung wahr wird. Das erste Kind darf seine und die eine Eichel behalten. Nun nimmt das zweite Kind Eicheln hinter dem Rücken in die Hand und die nächste Runde beginnt.

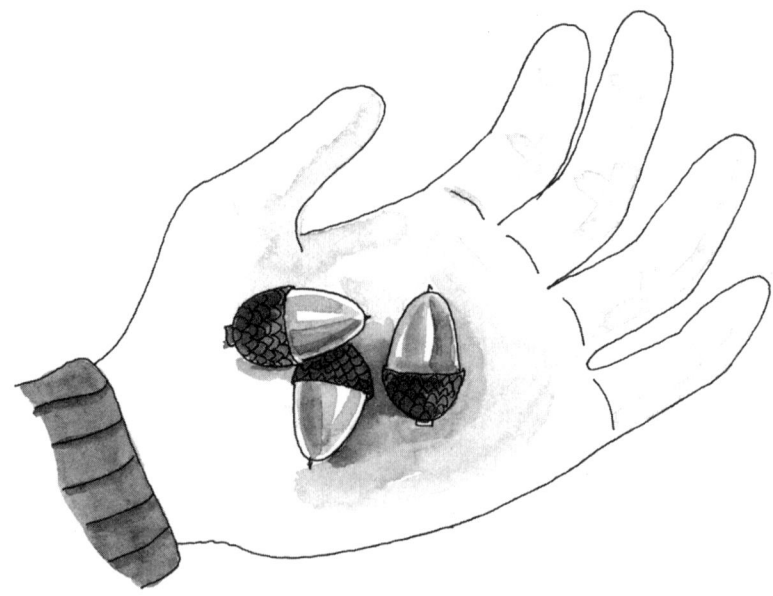

Düfte für Mama und Papa

Spieler/innen:	ein Kind und mehr
Alter:	ab 3 Jahren
Zeit:	5 Minuten
Material:	einige Filmdöschen für jedes Kind
Ort:	im Wald

Die Kinder laufen durch den Wald und suchen Dinge, die besonders gut oder intensiv riechen. Diese füllen sie in ihre Filmdöschen und nehmen sie mit nach Hause. Dort können sie dann der Mutter und dem Vater vom Wald erzählen und sie riechend daran teilhaben lassen.

Kinder bringen den Eltern gern etwas mit von Orten, an denen sie sich wohl fühlen. Die Erzählungen von den Erlebnissen und Erfahrungen im Wald bekommen so auch für die Eltern eine andere Dimension.

Hör genau hin

Spieler/innen:	zwei und mehr
Alter:	ab 3 Jahren
Zeit:	5 Minuten
Material:	aus dem Wald
Ort:	im Wald

Immer zwei Kinder spielen zusammen. Ein Kind schließt die Augen und das andere Kind nimmt einen Gegenstand aus dem Wald auf. Es sagt: „Hör genau hin", dann lässt es den Gegenstand auf einen Baumstamm fallen. Das andere Kind versucht zu erraten, um was für einen Gegenstand es sich handelt. Dann ist es selbst an der Reihe, einen Gegenstand zu suchen, der besonders klingt.

Grasfahnen im Wind

Spieler/innen:	ein Kind und mehr
Alter:	ab 3 Jahren
Zeit:	5 Minuten
Material:	lange Grashalme, fester Bindfaden
Ort:	im Wald

Jedes Kind sucht sich im Wald eine möglichst große Astgabel. Mit dem Taschenmesser wird der Stiel etwas angespitzt, damit die Astgabel besser in die Erde gesteckt werden kann.

Ein Bindfaden wird zwischen den beiden Enden der Gabel gespannt. Die Erzieherin hilft den kleineren Kindern beim Anspitzen der Astgabel und beim Befestigen des Bindfadens, der straff gespannt sein sollte. Nun suchen sich die Kinder lange Grashalme. Diese werden am Bindfaden festgeknotet, dann wird die Astgabel in die Erde gesteckt. Jedes Kind kann dann beobachten, wie der Wind das Gras an seiner Astgabel bewegt. Wenn es mag, kann es seine Hand darunter halten und sich vom Gras streicheln lassen.

Wenn alle Kinder ihre Grasfahnen nebeneinander oder in einer schrägen Reihe in die Erde stecken, dann entsteht eine Art Wind-Erlebnispark.

Der Waldschrat geht um

Spieler/innen:	ein Kind und mehr
Alter:	ab 3 Jahren
Zeit:	20 Minuten
Material:	für jedes Kind ein Müllsack aus Papier, Klebstoff, dicker Faden und eine große Nadel, Schminkfarben
Ort:	im Wald

Jedes Kind bekommt einen Müllsack aus Papier, in dessen Unterkante ein Schlitz für den Kopf und an den Seiten je ein Schlitz für jeden Arm gerissen werden. Nun kann der Müllsack übergezogen werden, und die Kinder haben ein Kleid, das sie ganz nach ihren Vorstellungen gestalten können. Sie schwärmen im Wald aus und suchen sich Dinge, mit denen sie ihr Kleid schmücken wollen. Diese Gegenstände werden auf das Papier geklebt und, wenn sie zu schwer sind, mit Faden und Nadel befestigt. Danach können die Kinder ihr Gesicht noch mit braunen und grünen Schminkfarben bemalen. Nun ist jedes Kind ein Waldschrat. Anschließend werden Waldschratspiele veranstaltet und vielleicht auch ein Waldschratfest gefeiert.

Da stimmt doch was nicht

Spieler/innen:	zwei und mehr
Alter:	ab 3 Jahren
Zeit:	15 Minuten
Material:	Schminkfarben, Fotoapparat
Ort:	im Wald / in der Kindertagesstätte

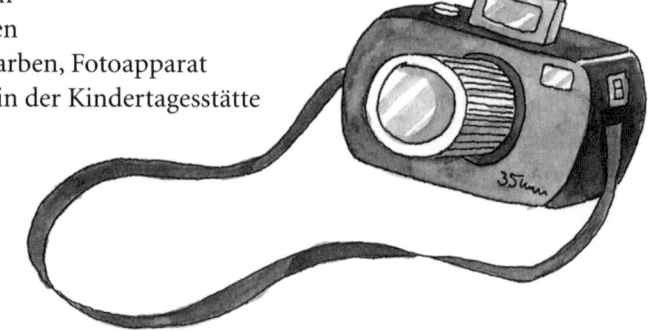

Noch eine Gestaltungsmöglichkeit, mit der Kinder ihren Eltern ein überraschendes Geschenk machen können.

Immer zwei Kinder schminken sich gegenseitig ein Körperteil. Dabei sollten die Kinder nur braune und grüne Töne, vielleicht noch etwas gelb und rot verwenden. Die Kinder bestimmen selbst, welchen Körperteil sie geschminkt haben wollen. Bei dem einen ist es der Fuß, beim anderen der Arm, vielleicht sogar einmal das Gesicht. Dann laufen die Kinder los in den Wald und suchen geeignete Hintergründe. Wenn sie eine Stelle gefunden haben, an der etwa ihre Hand gar nicht mehr auffällt, weil sie sich vom Untergrund nicht abhebt, rufen sie die Erzieherin, damit sie ein Foto machen kann. Wenn die ersten Kinder ein Foto von sich haben, dann helfen sie den anderen bei der Suche nach einer geeigneten Stelle.

Sind ein paar Tage später die Fotos entwickelt und haben die Kinder die Bilder von sich und den anderen in Ruhe betrachtet und kommentiert, dann können sie sie ihren Eltern schenken.

Noch schöner ist das Geschenk allerdings, wenn zu den Bildern noch Rahmen gebastelt werden. Dazu wird ein Fotokarton zugeschnitten, der auf jeder Seite fünf Zentimeter größer als das Foto sein sollte. Das Foto wird genau in die Mitte gesetzt und die Kinder können dann den Rand mit Blättern und Blüten ganz nach ihrem Geschmack bekleben.

Sitzkreis

Spieler/innen:	sechs und mehr
Alter:	ab 3 Jahren
Zeit:	über mehrere Tage verteilt
Material:	Äste und Stöcke aus dem Wald
Ort:	im Wald

Die Kinder suchen sich einen Ort, an dem sie in Zukunft immer den Startkreis und Schlusskreis machen möchten. Dann beginnen sie, alle Holzstücke, die sie in der Umgebung finden können, zusammenzutragen. Dickere Äste bilden das Fundament des großen Kreises. Auf dieses Fundament werden nun nach und nach kleinere Äste gelegt. Dabei achten die Kinder darauf, dass sie die Äste immer ganz im Kreis herum legen, bevor die nächste Schicht darüber gelegt wird. Der Kreis sollte auf jeden Fall vierzig Zentimeter breit und genauso hoch sein, lieber etwas höher als niedriger. Wenn der Sitzkreis fertig ist, setzen sich die Kinder darauf und weihen ihn mit leckerem Saft und einer wunderschönen Geschichte ein.

Den Zwergen ein Haus

Spieler/innen:	ein Kind und mehr
Alter:	ab 3 Jahren
Zeit:	15 Minuten
Material:	aus dem Wald
Ort:	im Wald

Die Erzieherin erzählt den Kindern eine selbsterfundene Geschichte von den Zwergen, die im Wald leben. Die Geschichte soll von den Zwergen handeln, die so gern ein richtiges Haus hätten und nicht mehr in den Bäumen wohnen wollen.

Danach gehen die Kinder in Kleingruppen los und suchen schöne Plätze für Zwergenhäuser. Sie bauen nun aus Ästen, Steinen und anderem Material kleine Häuser, so wie sie sich das vorstellen. Danach können sie noch einen Garten gestalten, mit Wegen und Blumen, kleinen Stühlen und Tischen, damit es die Zwerge richtig gemütlich haben.

Sind die einzelnen Gruppen mit ihren Zwergenhäusern fertig, dann gehen alle gemeinsam herum und schauen sich an, was die anderen gemacht haben.

Wurfringe

Spieler/innen: zwei und mehr
Alter: ab 3 Jahren
Zeit: 10 Minuten
Material: Paketschnur und frische Weidenäste
Ort: im Wald

Die Kinder schneiden oder brechen einige Weidenäste ab. Jeder Ast wird zu einem Ring gebogen und mit der Paketschnur zusammengebunden.

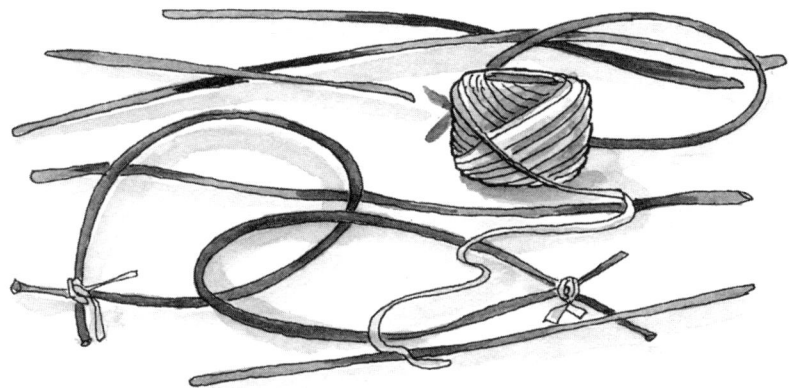

Die kleinen Kinder brauchen dabei die Hilfe von größeren Kindern oder der Erzieherin.

Wenn die Ringe fertig sind, stellen sich die Kinder immer zu zweit gegenüber und werfen sich einen Ring zu. Jedesmal, wenn sie ihn auffangen konnten, gehen sie einen kleinen Schritt weiter auseinander. Bald sind die Kinder so geübt mit dem selbstgebastelten Ring, dass sie ihn sich im Kreis zuwerfen können.

Geisterhaftes im Wald

Spieler/innen:	ein Kind und mehr
Alter:	ab 3 Jahren
Zeit:	30 Minuten
Material:	Bindfaden, Papiertaschentücher
Ort:	im Wald

Die Kinder sammeln allerlei Material im Wald: Rindenstücke, Blätter, Zweige und anderes mehr. Aus den Papiertaschentüchern, den Waldmaterialien und dem Bindfaden bastelt jedes Kind nun für sich einen Waldgeist oder ein Ungeheuer. Wenn alle etwas gestaltet haben, stellen die Kinder sich gegenseitig ihre Figuren vor und erzählen eine kleine Geschichte. Anschließend gehen sie allein oder in Kleingruppen in den Wald und setzen ihre Gespenster an die Stellen, die sie für richtig halten. Vielleicht mag ein Kind sein Gespenst auch an einem Faden in den Baum hängen, damit es vom Wind bewegt wird.

Holzklang

Spieler/innen:	zwei und mehr
Alter:	ab 3 Jahren
Zeit:	5 Minuten
Material:	für jedes Kind zwei kurze dicke Stöcke
Ort:	im Wald

Jedes Kind sucht sich zwei kurze dicke Stöcke (etwa zwanzig Zentimeter lang und zwei Zentimeter Durchmesser). Dann stellen sich die Kinder mit der Erzieherin in einen Kreis. Die Erzieherin beginnt, ihre Stöckchen ein paar Mal rhythmisch gegeneinanderzuschlagen. Ein Kind nach dem anderen macht es ihr nach. Waren alle an der Reihe, versuchen die Kinder in der nächsten Runde, den Rhythmus schneller durch den Kreis laufen zu lassen.

Anschließend schließen alle Kinder die Augen und versuchen nun zu hören, wann sie an der Reihe sind. Dabei verfolgen sie genau, wie der Klang im Kreis herum geht.

Damm damm da da

Spieler/innen: vier und mehr
Alter: ab 3 Jahren
Zeit: 5 Minuten
Material: für jedes Kind zwei kurze dicke Stöcke
Ort: im Wald

Die Kinder stehen mit ihren Stöckchen im Kreis. Ein Kind beginnt, eine Rhythmusfolge mit den Stöckchen zu schlagen, anschließend wiederholen alle Kinder gemeinsam diese Folge. Dann ist das nächste Kind an der Reihe, eine Folge vorzustellen. Wenn alle Kinder einmal eine Folge vorgegeben haben, beginnt das eigentliche Spiel.

Dabei beginnt wieder ein Kind, mit den Stöckchen eine kurze Folge von Rhythmen zu schlagen. Nun sieht es ein anderes Kind an und dieses wiederholt die Folge und entwickelt anschließend eine neue hinzu. Immer wiederholen die Kinder die vorausgegangenen Folgen und fügen eine eigene an.

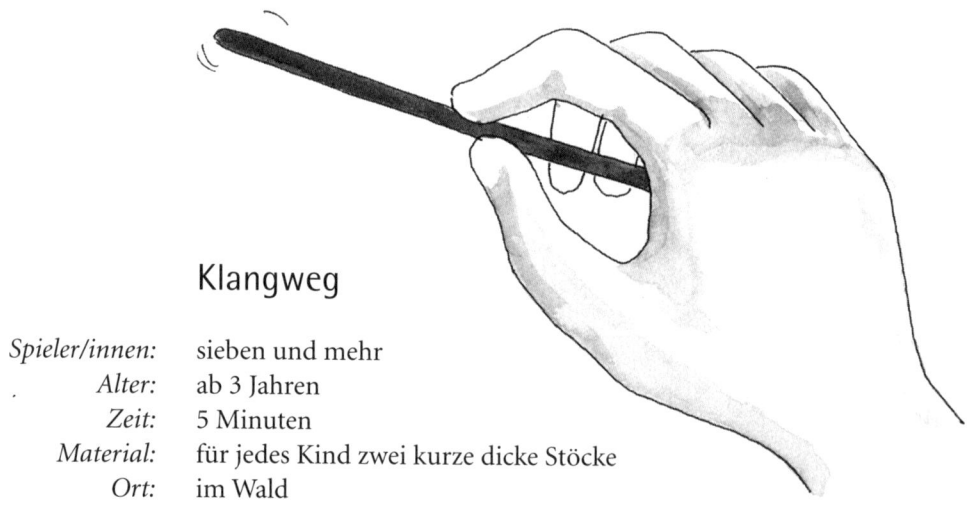

Klangweg

Spieler/innen: sieben und mehr
Alter: ab 3 Jahren
Zeit: 5 Minuten
Material: für jedes Kind zwei kurze dicke Stöcke
Ort: im Wald

Die Kinder verteilen sich so im Gelände, dass sie nicht weiter als vier Meter auseinander stehen. Alle Kinder haben ihre Stöckchen in der Hand. Ein Kind schließt die Augen. Es wird nun von den anderen durch den Klang der aneinandergeschlagenen Stöcke geführt, auf den es zugeht. Immer nur ein Kind schlägt beständig seine zwei Stöckchen zusammen und das „blinde" Kind bewegt sich auf dieses Geräusch zu. Wenn das Kind zu nahe kommt, nickt das führende Kind einem anderen Kind zu, das dann weiter klopft. Nach ein paar Minuten wird gewechselt und ein anderes Kind darf sich blind führen lassen.

Überraschungseier einmal anders

Spieler/innen:	ein bis sechs Kinder
Alter:	ab 3 Jahren
Zeit:	½ Tag
Material:	für jedes Kind ein gekochtes Ei, Naturfarben
Ort:	in der Kindertagesstätte / im Wald

Die Kinder färben gemeinsam in der Kindertagesstätte die gekochten Eier mit Naturfarben. Diese sind in Apotheken das ganze Jahr über erhältlich. Naturfarben sind in der Regel lediglich färbende Pflanzenteile oder Holz. Meistens können die Farben zusammen mit den Eiern gekocht werden, sodass sich ein Arbeitsgang einsparen lässt.

Die Kinder nehmen diese Eier das nächste Mal mit in den Wald. Dort suchen sie einen Ameisenhaufen. Sie stecken ihre Eier vorsichtig ein wenig in den Ameisenhaufen hinein und gehen wieder weg, um im Wald zu spielen. Nach etwa einem halben Tag oder spätestens vor der Rückkehr in die Kindertagesstätte versammeln sich wieder alle am Ameisenhaufen. Wenn die Kinder dann die Eier wieder ausgraben, werden sie sich wundern, welche schönen Muster die Ameisen auf die Eier „gemalt" haben.

Mein gemalter Stein

Spieler/innen: zwei und mehr
Alter: ab 4 Jahren
Zeit: 15 Minuten
Material: für jedes Kind einen besonderen Stein, der sich von den anderen gut unterscheiden lässt, genügend Papier für alle, Wachsmalstifte
Ort: im Wald

Die Kinder sitzen bequem mit geschlossenen Augen auf dem Boden. Die Erzieherin gibt jedem Kind einen Stein in die Hand. Jedes Kind fühlt nun das Gewicht, die Struktur und die Form seines Steins. Darüber hinaus soll sich jedes Kind überlegen, welche Farben sein Stein haben könnte. Die Farben sollen dem Gefühl entsprechen, das der Stein in dem Kind auslöst, sie müssen nicht der Wirklichkeit entsprechen. Vielleicht hat ein Kind die Idee, sein Stein kommt aus dem Wasser und er ist deshalb tiefblau mit leichten grünen Schlieren?

Wenn ein Kind glaubt, seinen Stein zu kennen, legt es den Stein vor sich auf den Boden.

Die Erzieherin sammelt die Steine wieder ein und versteckt sie unter einem Tuch. Dann öffnen alle Kinder die Augen, sie sollen aber noch nicht miteinander reden. Nun nehmen sie ein Papier und versuchen, den Stein so genau wie möglich mit den Farben ihrer Vorstellung zu malen. Dazu sollten sich die Kinder viel Zeit lassen. Sind alle Bilder fertig, wird das Tuch von den Steinen genommen. Ein Kind nach dem anderen nimmt irgendeinen Stein und versucht, ihn neben das richtige Bild zu legen. Wenn alle Steine verteilt sind, werden die falsch gelegten so lange ausgetauscht, bis neben jedem Bild der richtige Stein liegt. Nun können die Kinder sich gegenseitig von ihren Erfahrungen erzählen.

Besonders spannend ist die Frage, warum ein Kind eine bestimmte Farbe für seinen Stein gewählt hat. Jedes Kind hat andere Gründe dafür.

Steinfantasie

Spieler/innen:	zwei und mehr
Alter:	ab 3 Jahren
Zeit:	15 Minuten
Material:	viele besondere Steine, die wie Körper geformt sind, Ecken, Kanten, Ritzen oder unterschiedliche Farben haben
Ort:	im Wald

Die Kinder sitzen im Kreis eng beieinander. In der Mitte liegen die Steine. Die Kinder nehmen sich still verschiedene Steine und versuchen, in jedem Stein möglichst viele Formen von Gegenständen, Tieren und Pflanzen zu entdecken. Nachdem die Kinder eine Weile lang still einige Steine betrachtet und untersucht haben, unterbricht die Erzieherin und fordert das erste Kind auf zu erzählen, in welchem Stein es eine reale Form entdeckt hat.

Die Kinder, die diesen Stein ebenfalls schon in der Hand hatten, können ergänzen, was ihnen selbst dazu eingefallen ist. Danach können die Steine in kleine Gruppen sortiert werden: Tiere, Menschen, Pflanzen, Gebäude und so weiter.

Steinwaage

Spieler/innen:	zwei und mehr
Alter:	ab 3 Jahren
Zeit:	10 Minuten
Material:	für jedes Kind einen faustgroßen Stein
Ort:	im Wald

Jedes Kind stellt sich so hin, dass es auch mit ausgestreckten Armen kein anderes Kind berührt. Nun bekommen alle von der Erzieherin einen Stein in die Hand. Die Kinder werden aufgefordert, die Augen zu schließen, damit sie nicht abgelenkt werden.

Die Erzieherin beginnt, mit ruhiger Stimme Anweisungen zu geben. Sie achtet darauf, dass sie den Kindern für die einzelnen Schritte genügend Zeit lässt. Ob die Kinder links mit rechts verwechseln, ist nicht wichtig. Es geht lediglich darum, beide Körperseiten zu spüren.

Als erstes sollen die Kinder das Gewicht des Steins in ihrer rechten Hand spüren, anschließend in der linken. Der Stein wird in der rechten Hand nach oben gestemmt, dann mit der linken Hand. Nun soll der Stein auf die linke Schulter gelegt werden, danach auf die rechte, auf den linken Fuß und auf den rechten und so weiter. Wer kann ihn auf den Kopf legen und ausbalancieren, so dass er nicht herunterfällt?

Die Kinder legen sich nun auf den Boden. Sie legen den Stein auf die Stirn, den Brustkorb, den Magen und auf den Unterleib. Anschließend setzen sie sich auf und legen ihn abwechselnd auf beide Oberschenkel, die Knie und auf beide Fußgelenke. Am Schluss legt jedes Kind den Stein dorthin, wo er ihm am leichtesten erschien. Nun können die Kinder die Augen öffnen und sich umschauen, wo die anderen Kinder ihre Steine hingelegt haben.

Steine sind ganz schön schwer

Spieler/innen:	zwei und mehr
Alter:	ab 4 Jahren
Zeit:	5 Minuten
Material:	viele möglichst runde Steine
Ort:	im Wald

Die Kinder gehen zu zweit oder zu dritt los und sammeln viele Steine. Dann legt sich ein Kind auf den Boden. Das andere Kind oder die anderen beiden Kinder legen nun vorsichtig und ganz langsam Steine auf seinen Bauch. Das liegende Kind schließt die Augen und spürt das zunehmende Gewicht. Es soll sagen, wenn ihm die Steine zu schwer werden. Die anderen nehmen dann so viele Steine von seinem Bauch, bis es für das liegende Kind wieder angenehm ist. Nun spürt es auf seinem Bauch noch eine Weile die Steine, bevor sie wieder heruntergenommen werden. Das Kind dreht sich in den Vierfüßlerstand und bekommt die selbe Anzahl von Steinen auf den Rücken gelegt. Nun soll das Kind den Unterschied des Gewichts spüren. Wo fühlen sich die Steine schwerer an, auf dem Bauch oder auf dem Rücken? Nach einer kurzen Zeit nehmen die Kinder die Steine einzeln herunter, so dass das Gewicht langsam weniger wird. Nun soll sich das Kind bequem auf den Boden legen und nachspüren, wie sich Bauch und Rücken nun anfühlen.

Hänsel und Gretel

Spieler/innen:	zwei und mehr
Alter:	ab 3 Jahren
Zeit:	10 Minuten
Material:	viele Kieselsteine, Eicheln oder Ähnliches
Ort:	im Wald

Sicher kennen alle Kinder die Geschichte von Hänsel und Gretel, die sich ihren Weg nach Hause mit Kieselsteinen markierten.

Die Erzieherin legt mit den Kieselsteinen einen Weg quer durch eine bestimmte, ebene Lichtung. Er darf ruhig ein paar Kurven haben. Das Ende der Strecke wird mit einem Kreis aus Kieseln gekennzeichnet. Am Anfang der Strecke ziehen die Kinder die Schuhe aus und das erste Kind geht los. Es schließt die Augen und versucht, die Steine als Orientierung zu nehmen, um zum Kreis am Ende der Strecke zu finden. Dort kann es die Augen wieder öffnen. Ist es ein Stück gelaufen, geht das nächste Kind los. Haben alle Kinder blind den Kreis gefunden, schließen sie wieder die Augen und versuchen gemeinsam, alle Kieselsteine aufzuheben.

5 Wie ein Blatt im Wind

Ruhe, Entspannung und Meditation im Wald

Der Wald hält viel Raum und viele Möglichkeiten bereit, zu entdecken und zu forschen, er bietet aber genauso die Gelegenheit, zu entspannen, zu sinnieren und still zu betrachten.

Kinder brauchen neben der Zeit, die sie in Bewegung sind, auch Phasen der Ruhe und Entspannung. In vielen Situationen sorgen sie selber sehr gut dafür. Sie verstecken sich in einem Gebüsch oder suchen die Nähe der Erzieherin, um auf ihrem Schoß ein wenig auszuruhen. Allerdings gibt es auch Kinder, die Unterstützung brauchen, um zur Ruhe zu kommen. Sie haben keine eigenen Strategien entwickeln können, sich entspannt und sicher zu fühlen. Besonders Kinder, die in Familien groß werden, in denen wenig Verlässlichkeit herrscht, leiden unter einer frühen Form von Stress, den sie abzubauen versuchen, indem sie ständig aktiv sind.

Für diese Kinder ist es besonders wichtig, dass die Erzieherin immer wieder Übungen und Spiele anbietet, bei denen sie lernen können, ruhig zu werden und sich zu entspannen.

Ich empfehle dabei, erst Methoden zu wählen, bei denen die Kinder nicht sofort für längere Zeit ganz still sein müssen.

Ich habe deshalb die aktiveren Entspannungsübungen an den Anfang des Kapitels gesetzt. Wer darüber hinaus noch weitere Spiele und Übungen mit ruhigerem, eher meditativem Charakter sucht, wird im Kapitel „Tanz der Morgenelfen" fündig werden.

Der eingeschränkte Blick

Spieler/innen: ein Kind und mehr
Alter: ab 4 Jahren
Zeit: 10 Minuten
Material: für jedes Kind zwei leere Klopapierrollen, Kreppklebeband
Ort: im Wald

Die Kinder kleben ihre beiden Klopapierrollen mit dem Klebeband zusammen, sodass ein Fernglas entsteht. Wer möchte, kann es auch anmalen und verzieren.

Nun gehen die Kinder einzeln los und sprechen nicht miteinander. Sie sehen durch ihr Fernglas und betrachten die Welt in diesem begrenzten Ausschnitt. Dabei wird der Blick auf Details gerichtet, die den Kindern vorher oft gar nicht aufgefallen sind.

Nach einiger Zeit ruft die Erzieherin die Kinder wieder zusammen und spricht mit ihnen über das Gesehene und Erlebte. Das Reden ist wichtig, weil den Kindern dabei bewusst wird, dass es hier nicht darum geht, möglichst schnell möglichst viel zu sehen, sondern im Detail zu schauen, sich darauf zu konzentrieren und ruhig zu werden.

Anschließend können sich alle Kinder im Kreis aufstellen, den Rücken zur Kreismitte, und noch einmal wenige Minuten in Ruhe die Umgebung betrachten. Die gefundenen Details können dann von allen gemeinsam begutachtet werden.

Alles ist ganz groß

Spieler/innen:	ein Kind und mehr
Alter:	ab 3 Jahren
Zeit:	15 Minuten
Material:	für jedes Kind ein Vergrößerungsglas
Ort:	im Wald

Im Idealfall hat jedes Kind ein Vergrößerungsglas. Wenn aber nicht so viele vorhanden sind, geht es auch, dass die Kinder sich immer zu zweit eines teilen.

Die Kinder verteilen sich ein wenig im näheren Gelände. Sie knien sich auf den Boden und experimentieren mit dem Glas. Dabei lässt sich allerhand entdecken, was mit bloßem Auge fast nicht zu sehen war. Die Kinder krabbeln ein wenig herum und versuchen, sich einige Dinge ganz genau anzusehen. Im Gespräch danach erzählen sie, was sie gesehen haben. Die Erzieherin ermuntert die Kinder dabei immer wieder, die Details zu beschreiben. Zum Beispiel fragt sie, ob das Tier behaart war oder ob die Beine besonders geformt waren. Beim nächsten Mal werden die Kinder dann auch auf solche Besonderheiten achten und die Dinge immer genauer betrachten.

Spiegelwelten

Spieler/innen:	ein Kind und mehr
Alter:	ab 3 Jahren
Zeit:	15 Minuten
Material:	für jedes Kind ein Spiegel oder eine Spiegelfliese (Baumarkt)
Ort:	im Wald

Am besten ist es, wenn die Kinder Handspiegel von zu Hause mitbringen. Diese sind zwar teurer als Fliesen, aber leichter und sicherer, da durch den Rahmen keine Stücke ausbrechen können, wodurch scharfe Kanten entstehen.

Wenn Sie auf Spiegelfliesen zurückgreifen, achten Sie darauf, dass die Spiegelflächen ungefärbt sind. Es gibt ein großes Angebot von Spiegelfliesen, die braun getönt sind und die Farben verfälschen. Um die Kinder vor scharfen Kanten zu schützen, bekleben Sie die Fliesen mit einem Gewebe-Klebeband.

Die Kinder setzen sich zuerst auf den Boden und legen den Spiegel vor sich hin. Jetzt können sie im Spiegel die Wolken betrachten und beobachten, wie sie vorbeiziehen. Oder sie sitzen unter einem Baum und beobachten, wie sich die Blätter im Wind bewegen.

Dann legen sie sich auf den Rücken, halten den Spiegel über den Kopf und drehen ihn leicht nach hinten. Wie sieht jetzt der Waldboden oder die Wiese aus?

Die Kinder beginnen nun, mit dem Spiegel umherzugehen. Sie gehen zum Gebüsch und halten den Spiegel hinein. Wie sehen die Blätter denn nun aus? Was bewegt sich an der Unterseite der Farnblätter? Gibt es in der Nähe Baumhöhlen oder große Steine, in deren Lücken ein Spiegel gehalten werden kann?

Wie ist es, wenn die Kinder mit dem Spiegel rückwärts gehen? Sie halten dazu den Spiegel vor die Schulter und sehen so, was hinter ihnen ist. Oder sie gehen vorsichtig vorwärts und betrachten dabei den Himmel, wie er wackelt und sich bewegt.

Am dicken Seil

Spieler/innen: drei und mehr
Alter: ab 3 Jahren
Zeit: 10 Minuten
Material: ein dickes Seil
Ort: im Wald

Die Erzieherin hält das vordere Ende des Seils. Die Kinder stellen sich hinter ihr auf und halten sich mit einer Hand am Seil fest. Dabei steht abwechselnd immer ein Kind auf der linken und ein Kind auf der rechten Seite des Seils. Die Kinder schließen die Augen. Die Erzieherin geht los und führt sehr vorsichtig die Kinder am Seil durch den Wald. Wenn sie über einen Baumstamm steigen müssen, sagt sie den Kindern Bescheid und bittet sie, trotzdem die Augen geschlossen zu halten. Zwischendurch bleiben alle immer wieder stehen und die Kinder werden von der Erzieherin aufgefordert, zu riechen, zu hören, zu spüren, wo sie sich befinden, was besonders ist an diesem blinden Spaziergang. Sie achtet auch darauf, dass die Gruppe immer wieder zwischen Schatten und Sonne wechselt. Das ist besonders beeindruckend, weil der Schatten nach einem warmen, sonnigen Abschnitt wie eine Wand erlebt wird.

Nach dem Spaziergang nehmen sich die Kinder Zeit zu erzählen, wie es ihnen ergangen ist. Was haben sie gerochen und gehört, wie war das mit der Angst, blind am Seil zu gehen?

Strukturbilder

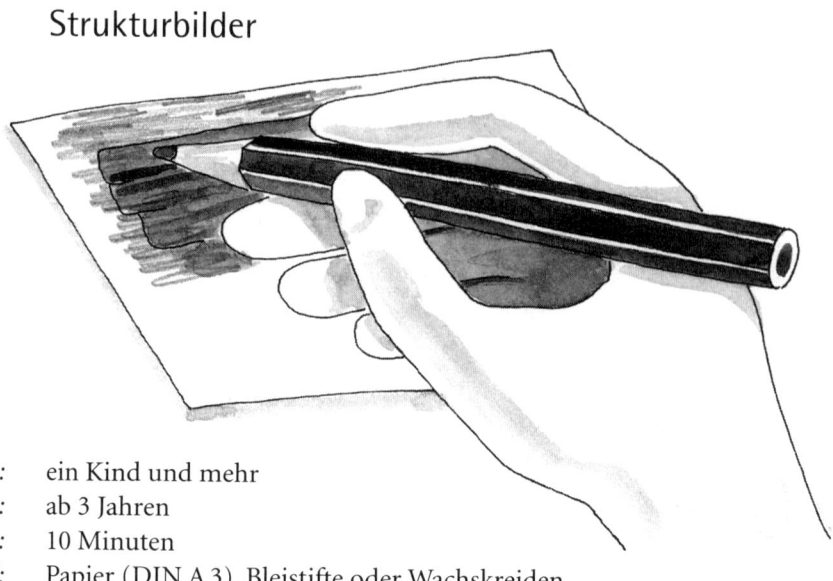

Spieler/innen:	ein Kind und mehr
Alter:	ab 3 Jahren
Zeit:	10 Minuten
Material:	Papier (DIN A 3), Bleistifte oder Wachskreiden
Ort:	im Wald

Jedes Kind bekommt einen Bogen Papier und einen Stift in die Hand. Nun laufen alle einzeln los und zeichnen verschiedene Untergründe ab. Dazu legen sie das Blatt zum Beispiel auf einen Boden mit vielen Tannennadeln oder auch an einen Baum. Mit dem Stift wird nun leicht darüber gefahren, immer hin und her, bis das Muster des Untergrundes auf dem Papier erscheint. Die Kinder sammeln auf diese Weise möglichst viele unterschiedliche Muster auf ihrem Papierbogen. Das bedeutet, sie malen immer nur ein kleineres Stück vom jeweiligen Untergrund ab.

Dann setzten sich die Kinder zusammen und zeigen sich gegenseitig die Muster. Gibt es bestimmte Strukturen, die bei allen oder vielen Kindern auftauchen? Wissen die Kinder noch, was sie alles abgezeichnet haben? Sehen die Muster so aus, dass die Vorlage zu erkennen ist?

Wer möchte, kann das Blatt nach Hause mitnehmen und es der Familie zeigen. Dann können die Kinder den Eltern und Geschwistern erklären, wo sie die verschiedenen Muster entdeckt haben.

Wohin gehört das Muster?

Spieler/innen: vier und mehr
Alter: ab 4 Jahren
Zeit: 15 Minuten
Material: Papier (DIN A 4), Bleistifte, Wachskreiden
Ort: im Wald

Die Kinder teilen sich in zwei Gruppen. Jede Gruppe bekommt fünf Blätter und einen Stift. Die Gruppen laufen in die entgegengesetzte Richtung los und beginnen, sich Untergründe für ihre Bilder herauszusuchen. Dabei müssen sie in Sichtweite der Erzieherin bleiben, damit das Gebiet überschaubar bleibt. Auf jedes Blatt wird nur ein Muster übertragen. Dazu nehmen die Kinder das Blatt und legen es wie schon beschrieben auf den entsprechenden Untergrund, anschließend malen sie leicht mit dem Stift darüber.

Wenn die Kinder fünf Muster auf ihren Blättern haben, tauschen sie diese mit der anderen Gruppe aus. Sie bekommen ein neues Blatt dazu und versuchen herauszufinden, welche Untergründe die andere Gruppe für die Muster gewählt hat. Sie können dazu Proben auf ihrem Blatt machen. Nach fünf Minuten ruft die Erzieherin die Kinder zusammen, und die Gruppen erzählen, was sie herausgefunden haben. Ungelöste Muster werden nun von der jeweiligen Gruppe erklärt.

Blättermandala

Spieler/innen:	ein Kind und mehr
Alter:	ab 3 Jahren
Zeit:	15 Minuten
Material:	aus dem Wald
Ort:	im Wald

Jedes Kind sammelt für sich Materialien im Wald, die ihm persönlich gut gefallen und die es gern anfassen mag: Steine, Blüten, Schneckenhäuser, Stöckchen und anderes. Dann setzt es sich an einen Platz, an dem es sich wohl fühlt, und beginnt damit, die Erde glatt zu streichen und von anderem Material zu säubern. Danach legt das Kind einen Teil des gesammelten Materials in die Mitte der Fläche. Von da an arbeitet und gestaltet es das Mandala Stück für Stück nach außen weiter. Im Grunde sind Mandalas kreisförmig. Aber die Kinder haben natürlich die Freiheit, ihre eigene Form zu finden.

Die Kinder sprechen nicht, während sie ihr Mandala legen, und sie haben genug Abstand zueinander, sodass sie sich nicht gegenseitig ablenken.

Sind alle Kinder fertig, betrachten sie gegenseitig ihre Mandalas und sprechen darüber.

Wer möchte, kann sein Mandala auch auf Papier kleben und es mit nach Hause nehmen.

Anmerkung: Mandala bedeutet Kreis. Es ist die Urform alles Seins und lässt sich in der Natur überall wieder finden. Ein Mandala zu gestalten bedeutet, in sich selbst den Kreis als Symbol der lebendigen Gestaltung zu finden; es beruhigt und entspannt.

Gemeinsam den Kreis suchen

Spieler/innen:	zwei und mehr
Alter:	ab 3 Jahren
Zeit:	10 Minuten
Material:	aus dem Wald
Ort:	im Wald

Die Kinder suchen sich in kleinen Gruppen (zwei bis vier Kinder) Material im Wald.

Dann setzen sie sich in einen Kreis und gestalten gemeinsam ein Mandala. Sie sprechen nicht dabei. Zuvor wird vereinbart, dass immer einer nach dem anderen ein Stück in das Mandala legen darf. Hat ein Kind etwas gelegt, darf das von den anderen Kindern nicht versetzt werden und muss liegen bleiben, es sein denn, das Kind selbst möchte es noch einmal verändern.

Sind die Kinder mit ihrem Mandala fertig, sprechen sie darüber, wie gut es ihnen gefällt und auch, wie es war, aushalten zu müssen, dass die anderen Kinder das Mandala anders gestalten als sie es selbst vielleicht gemacht hätten.

Die Kleingruppen bestaunen dann im Anschluss die Mandalas der anderen Kinder.

Mein eigener Wald

Spieler/innen:	ein Kind und mehr
Alter:	ab 3 Jahren
Zeit:	20 Minuten
Material:	ein Schuhkarton für jedes Kind, Transparentpapier, Scheren, Klebstoff, Papiermesser, Materialien aus dem Wald
Ort:	im Wald

Zuerst wird in den Deckel des Kartons mit dem Papiermesser ein großer Baum (am einfachsten ist die Silhouette eines Tannenbaums) geschnitten. Den kleineren Kindern hilft die Erzieherin dabei. Der Baum sollte so groß sein, dass er fast die gesamte Fläche des Deckels ausfüllt. Das ist wichtig, damit später genug Licht in den Karton fällt. Diese Baumsilhouette wird von der Innenseite her mit hellgrünem Transparentpapier überklebt.

Auf eine der Schmalseiten des Kartons wird in der unteren Hälfte ein etwa zwei Zentimeter großes Loch hineingeschnitten. Das ist das Guckloch.

Nun können die Kinder beginnen, mit ihrem im Wald gesammelten Material den Karton innen wie eine Landschaft einzurichten. Machen Sie die Kinder darauf aufmerksam, dass die Landschaft von oben gesehen ganz anders aussieht, als sie durch das Guckloch wahrgenommen wird. Sie sollten immer durch das Guckloch schauen, bevor sie einen Gegenstand einkleben. Wenn sie Spiegelfolie haben, können die Kinder damit die dem Guckloch gegenüberliegende Seite bekleben. Dann spiegeln sich die Materialien in der Kiste und der Raum wirkt wesentlich größer.

Damit es hell genug in der Kiste bleibt, sollten keine schwarzen Kartons verwendet bzw. dunkle Kartons mit hellem Papier ausgeschlagen werden.

Wenn die Kinder genug Dinge eingeklebt haben, decken sie die Kiste mit dem Deckel zu und legen sich auf den Bauch. Jetzt können sie durch das Guckloch ins Innere ihres neuen Reiches schauen und staunen. Durch das grüne Transparentpapier wird die Landschaft in warmes, weiches Licht getaucht.

Danach schauen sie in die Kisten der anderen Kinder. Bestimmt zeigen alle gern den anderen, wie sie ihre Waldlandschaft gestaltet haben. Es ist erstaunlich, wie sehr sich die Landschaften unterscheiden, obwohl häufig dieselben Materialien von den Kindern benutzt werden. Diese Guckkisten, wie ich sie nenne, sind wunderschön, und der Aufwand lohnt sich, da die Kinder (und auch Erwachsene) über lange Zeit einen Ort haben, in den sie sich hineinträumen können.

Duftende Kissen

Spieler/innen: ein Kind und mehr
Alter: ab 3 Jahren
Zeit: 15 Minuten
Material: für jedes Kind eine Stofftasche, Faden und Nadel
Ort: im Wald und auf der Wiese

Die Kinder gehen mit ihrer Tasche los und suchen trockene Blätter, Tannennadeln, Heu und Blumen, bis die Tasche ganz voll ist. Die Erzieherin zeigt ihnen besondere Pflanzen wie Kamille, Minze oder Veilchen. Eventuell müssen die Kinder ihre Materialien noch einen Tag in der Sonne richtig trocknen lassen. Dann füllen sie die Tasche und beginnen mit der Unterstützung der Erzieherin, die Tasche zuzunähen. Nun ist ein Kissen fertig, das besonders dafür gedacht ist, den Kopf bei einer Meditation daraufzulegen. Es duftet nach Wald und Wiese und wie inzwischen allgemein bekannt ist, haben diese Düfte eine beruhigende Wirkung.

Immer wieder neu

Spieler/innen: ein Kind und mehr
Alter: ab 3 Jahren
Zeit: 10 Minuten
Material: keines
Ort: im Wald

In geeigneten Situationen fordert die Erzieherin die Kinder auf, sich einmal hinzulegen. Dann lenkt sie die Aufmerksamkeit der Kinder immer wieder auf andere Dinge und die Kinder werden erstaunt sein, was es alles zu entdecken gibt, wenn man sich ruhig hinlegt und beobachtet. Ergänzen Sie die aufgeführten Möglichkeiten durch Anlässe, die sich spontan ergeben.

- Auf dem Bauch im hohen Gras liegen. Wie sieht es aus, wenn die Welt nur durch die Halme zu sehen ist? Was krabbelt alles auf der Erde und was tun diese Tiere?
- Auf dem Rücken liegen. Wie sieht der Himmel aus? Sehen die Kinder in den Wolken Gestalten?
- Unter einem Blätterbaum liegen. Welche Geräusche macht der Baum? Bewegen sich die Blätter? Gibt es Vögel im Baum?
- Unter einer Tanne liegen. Welche Geräusche macht dieser Baum? Bewegen sich die Äste? Gibt es Vögel? Gibt es Unterschiede zum Blätterbaum?
- In ein Gebüsch kriechen. Was gibt es da zu entdecken? Ist die Sonne noch zu sehen? Ist es hell oder eher dunkel? Was lebt im Gebüsch? Wächst dort Gras auf dem Boden?

Geräusche des Lebens

Spieler/innen:	zwei und mehr
Alter:	ab 3 Jahren
Zeit:	10 Minuten
Material:	ein Stethoskop
Ort:	im Wald

Vielleicht können Sie bei einem Arzt ein altes Stethoskop ausleihen. Das stellen Sie dann den Kindern immer in kleinen Gruppen (nicht mehr als drei Kinder) zur Verfügung.

Mit diesem Hörrohr machen sich die Kinder auf die Suche nach Geräuschen, die sie noch nie gehört haben. Sie schauen einmal, ob der Ameisenhaufen singt, der Baum pulsiert oder die Erde bebt. Klingt die Erde neben einem Baum anders als am Wasser oder in der Wiese? Kann man hören, ob sich unter der Rinde etwas tut?

Wenn die Gruppe von ihrer Expedition zurückkommt, erzählen die Kinder den anderen, was sie entdeckt haben.

Danach nehmen drei andere Kinder das Stethoskop und ziehen los.

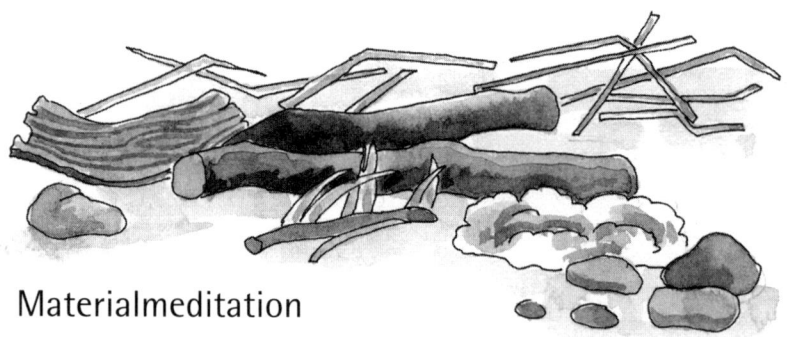

Materialmeditation

Spieler/innen:	zwei bis sechs
Alter:	ab 3 Jahren
Zeit:	10 Minuten
Material:	viele verschiedene Naturmaterialien wie Steine, unterschiedliche Holzstücke, Zweige, Rinde, Moos, Gras, Heu
Ort:	im Wald

Die Kinder sitzen bequem mit geschlossenen Augen im Kreis. Die Erzieherin gibt jedem von ihnen einen Stein oder etwas anderes in die Hand. Die Materialien sollten sich in möglichst vielen Merkmalen voneinander unterscheiden. Jeder fühlt nun das Gewicht, die Struktur und die Form seines Materials und gibt den Gegenstand dann nach rechts an den nächsten Spieler weiter. Die Kinder lassen die verschiedenen Materialien auf sich wirken. Glaubt ein Kind nach einer Weile, den Gegenstand zu erkennen, den es zuerst in die Hand bekommen hat, legt es ihn hinter sich. Alles andere gibt es nach rechts weiter. Wenn jedes Kind seinen ersten Gegenstand zurückbehalten hat, sammelt die Erzieherin alle Gegenstände ein und deckt sie zu. Dann dürfen die Kinder die Augen öffnen und versuchen nun, den Gegenstand zu beschreiben, den sie als Erstes von der Erzieherin bekommen haben.

Wenn alle damit fertig sind, werden die Gegenstände aufgedeckt und alle versuchen, sie nach den Beschreibungen den einzelnen Kindern zuzuordnen. Die Erzieherin befragt die Kinder, ob sie sich den Gegenstand denn so in der Form, Farbe und Größe auch wirklich vorgestellt haben, oder ob sie sich beim Erfühlen und Beschreiben ein ganz anderes Bild davon gemacht haben.

Wilde Katzenkinder

Spieler/innen:	zwei und mehr
Alter:	ab 3 Jahren
Zeit:	5 Minuten
Material:	keines
Ort:	im Wald

Die Kinder legen sich wie kleine Kätzchen ganz eng zusammen. Sie liegen dabei auch kreuz und quer übereinander. Am Anfang bewegen sich die Kinder nicht. Sie werden von der Erzieherin angeleitet, einfach die anderen Kinder zu spüren. Wo haben sie Körperkontakt miteinander? Wie fühlt sich das andere Kind an dieser Stelle an? Ist es schwer oder leicht? Ist es warm oder kalt? Hören die Kinder den Atem der anderen? Hören sie andere Geräusche, vielleicht wie der Bauch gluckert?

Nach und nach, auf Anleitung der Erzieherin, beginnen die Kätzchen, ihre Köpfe am Körper der anderen zu reiben. Sie schnüffeln und stupsen und langsam kommt Bewegung in die Kinder. Sie setzen sich auf und beginnen mit den Händen ein wenig zu spielen: die Hand eines anderen Kindes fangen, das versucht, sie rechtzeig wegzuziehen, sich mit den Händen gegenseitig abrubbeln. Schließlich sind alle Katzenkinder ganz wach und aktiv. Danach überlässt es die Erzieherin den Kindern, das weitere Spielen selbst zu entwickeln.

Ich bin ein Baum

Spieler/innen:	ein Kind und mehr
Alter:	ab 3 Jahren
Zeit:	10 Minuten
Material:	keines
Ort:	im Wald

Die Kinder legen sich bequem auf den weichen Waldboden oder in eine Wiese und legen den Kopf auf ein Kissen, eine Jacke oder Ähnliches. Sie schließen die Augen und sind ganz still.

Die Erzieherin versucht, die Kinder zuerst auf ihren Atem aufmerksam zu machen und gibt ihnen Hilfestellung beim Entspannen. Dann lädt sie die Kinder ein, sich wie ein Baum zu fühlen.

Du bist nun ganz still und hörst auf meine Worte. Wenn du nicht mehr liegen magst oder die Augen öffnen willst, kannst du das leise tun. Störe dabei aber die anderen Kinder nicht.

Nun beginne damit, ein paar Mal tief einzuatmen. Versuche den Atem in deinen ganzen Körper strömen zu lassen.

Atme die Luft in deinen Kopf. (Pause)

Atme die Luft in deine Arme. (Pause)

Atme die Luft in deinen Bauch. (Pause)

Atme die Luft in deine Beine. (Pause)

Liegst du bequem? Wenn du dich lieber ein wenig anders hinlegen möchtest, dann tu es jetzt.

Stell dir einen Baum vor. Ein Baum, der dir gefällt, der stark und groß ist und dem du dich anvertrauen möchtest. (Pause)

Wo steht der Baum? Wie sieht er aus? Lass Bilder in dir entstehen, in denen du alles ganz genau siehst. (Pause)

Gibt es Wasser in der Nähe deines Baums? Oder sind Tiere da? (Pause)

Du selbst bist dieser starke und schöne Baum. Kannst du das spüren? Spürst du, wie das Leben in dir pulsiert? Fühlst du den Wind in deinen Blättern? (Pause)

Du stehst fest im Boden verankert. Du bist gesund und kräftig. Deine Wurzeln haben sich tief in die Erde gegraben.

Geh zu deinen Wurzeln und spüre sie. Siehst du, wie weit sie sich in der Erde ausgebreitet haben? Sie bringen dir Wasser und Nährstoffe, damit du auch weiterhin stark und schön bleibst. (Pause)

Spürst du, wie die Erde dich warm und sicher umschließt? Sie hält dich fest, damit du nicht umfällst. Sie ist stark genug, das auch in Zukunft zu tun. (Pause)

Siehst du auch die kleine Maus, die zwischen deinen Wurzeln sicher und geborgen lebt? Sie freut sich und ist glücklich, unter so einem starken und schönen Baum zu leben. Siehst du, wie klein sie im Verhältnis zu dir ist? (Pause)

Die Wurzeln enden an deinem Stamm. Der ist dick und kräftig. Er ist gesund und hat eine starke Rinde zu deinem Schutz. Die Rinde ist unverletzt und so soll es auch bleiben, damit du weiterhin stark und schön sein kannst. Fühlst du die Rinde, siehst du, wie schön sie ist? (Pause)

Der Stamm transportiert das Wasser und die Nährstoffe in die Äste. Spürst du den Kreislauf, wie die Säfte nach oben steigen und wieder nach unten transportiert werden? Jedes winzige Detail in dir ist lebendig, alles hat Teil an diesem wunderbaren, Leben spendenden Rhythmus. (Pause)

Weiter oben beginnen die Äste. Sie tragen die Blätter voller Stolz. Die Blätter sind wunderschön. Ganz glücklich sind deine Äste, wenn sie Blüten tragen dürfen. Dann duftet der ganze Wald nach dir und viele Insekten, Schmetterlinge oder Bienen kommen dich besuchen. (Pause)

Auch in den Ästen pulsiert das Leben. Die Blätter nehmen für dich den Sauerstoff auf, damit du weiter wachsen kannst. So bleibst du auch in Zukunft stark und schön. (Pause)

Siehst du die Vögel in deiner Baumkrone? Sie lieben dich, du spendest ihnen Nahrung mit deinen Früchten, du bist ihre Ruhe- und Zuflucht-

stätte. Aber vor allem lieben sie dich, weil du ihnen den Platz gibst, ein Nest zu bauen und ihre Jungen großzuziehen. (Pause)

Ganz oben in deiner Krone hast du einen wunderbaren Ausblick! Geh hinauf und schau es dir an.

Was siehst du um dich herum? Wie klein ist die Erde da unten? (Pause) Wie weit kannst du sehen? Siehst du den Wald, die Berge, das Meer? Schau dir genau an, was du siehst. Hör genau hin, was du hörst. (Pause)

Es ist viel, nicht wahr? Daran merkst du, wie groß, stark und schön du bist. (Pause)

Und nun steig langsam wieder an dir herab. Kehre zu den Anfängen deiner Wurzeln zurück. Stell dich auf den Boden, mit beiden Beinen, und atme tief durch. (Pause)

Tritt aus dem Baum heraus. Nimm deine Hände und leg sie an die schöne Rinde. Vielleicht magst du den Baum auch umarmen? (Pause)

Danke dem Baum dafür, dass er sich dir so offen gezeigt hat und dich an seinem Leben hat teilnehmen lassen. Sag ihm auf Wiedersehen. Sicher darfst du ihn wieder besuchen kommen. (Pause)

Atme noch einmal tief durch. Schüttle deine Arme und Beine ein wenig. (Pause)

Lass dir Zeit, auch wenn du spürst, dass die anderen Kinder sich bewegen. Das macht nichts, wir haben Zeit und warten auf dich.

Öffne langsam die Augen, setz dich hin und schau dich um. Aber sprich noch nicht, erst wenn ich es sage.

Lassen Sie den Kindern Zeit, das Erlebte zu „verdauen". Wenn Sie merken, dass alle Kinder bereit sind, fragen Sie nach ihren Erlebnissen, nach ihren Bildern und nach den Gefühlen, die sie bei dieser Fantasiereise hatten. Achten Sie darauf, dass es keine bewertenden Bemerkungen gibt. Bei einer Fantasiereise kann nichts falsch oder richtig sein. Es ist für jeden so, wie es ist, ein ganz persönliches Erlebnis!

Klangring

Spieler/innen:	ein Kind und mehr
Alter:	ab 3 Jahren
Zeit:	30 Minuten
Material:	Weidenreifen wie auf Seite 73 beschrieben, Schnur
Ort:	im Wald

Die Kinder suchen unterschiedliches Material im Wald. Dann schneiden sie die Schnur in gleich lange Stücke und befestigen damit die verschiedenen Materialien am Weidenring so, dass sie aneinanderstoßen, wenn der Wind sie bewegt.

Ist der Ring voll und das Klangmobile fertig, dann hängen die Kinder das Mobile an einen Ast. Unter diesem Ast ist nun der Ausruhplatz für die Kinder, hier darf nicht getobt werden. Die Kinder können sich jetzt unter den Ast legen, ausruhen und träumen und dabei dem Klangspiel des Mobiles lauschen.

Immer hin und her, her und hin

Spieler/innen:	ein Kind und mehr
Alter:	ab 3 Jahren
Zeit:	5 Minuten für jedes Kind
Material:	ein Beutel mit ungefähr 25 cm Durchmesser (beispielsweise die Hülle eines Schlafsacks), Sand oder Kiesel, dicke Schnur
Ort:	im Wald

Der Sack wird so mit Sand gefüllt, dass er schwer, aber nicht allzu schwer wird (ca. 1,5 kg) und immer noch gut getragen werden kann. Die Kinder können den Sack anschließend mit Laub ganz auffüllen. Dann hängt die Erzieherin ihn an einen Ast, sodass er frei in der Luft hängt. Der Sack sollte sicher befestigt sein und so hoch hängen, dass man bequem darunter liegen kann, er aber möglichst nah am Körper ist, ohne diesen zu berühren. Bequemer wird es, wenn eine Decke oder Isomatte auf dem Boden ausgelegt wird.

Dann legt sich das erste Kind unter den Sack. Die Erzieherin gibt dem Sack nun einen Stoß, damit er über dem Kind hin- und herpendelt. Das Kind schließt die Augen, wenn es dazu bereit ist, und spürt in sich nach, was passiert.

Die Bewegung des Sacks spiegelt wieder, was im Körper permanent stattfindet. Das Herz zieht sich zusammen und entspannt sich wieder, das Blut fließt zu den Körperteilen und wieder zurück zum Herzen. Zu jeder Bewegung des Körpers gehört eine Gegenbewegung. Anspannung – Entspannung. Hin und her. Dieses Urprinzip, das durch den hin- und herpendelnden Sack symbolisiert wird, wirkt auf Dauer sehr beruhigend und hilft bei der Entspannung.

Der Sack sollte etwas abseits von der Spielfläche aufgehängt werden. So haben die Kinder die Möglichkeit, sich einzeln oder auch mal zu zweit zurückzuziehen und sich unter den Sack zu legen.

6 Siehst du den Wald vor Bäumen nicht

Sprach-, Knobel-, Spaßspiele und Wissenswertes

In diesem Kapitel finden sich Spiele und Übungen, bei denen die Kinder einerseits viel über den Wald erfahren, andererseits aber auch auf die unterschiedlichste Weise miteinander ins Gespräch kommen.

Dabei üben sie die eigene Sprach- und Ausdrucksfähigkeit genauso wie das Zuhören.

Besonders bei den Spielen und Übungen, in denen die Kinder angeregt werden, den Wald zu untersuchen und zu erforschen, sollte die Erzieherin im Hintergrund bleiben. Es gilt, die Kinder erst einmal anzuregen, eigene Schlüsse zu ziehen und sich mit ihren Ergebnissen auseinander zu setzen. Nur wenn sie konkrete Fragen stellen, ist das Wissen der Erzieherin gefragt.

Jagdglück

Spieler/innen:	vier und mehr
Alter:	ab 4 Jahren
Zeit:	5 Minuten
Material:	keines
Ort:	im Wald

Ein Kind ist der Jäger (beim ersten Mal kann die Erzieherin der Jäger sein), ein anderes der Jägerschüler. Die restlichen Kinder sitzen alle im Kreis. Der Schüler stellt sich außer Hörweite hinter den nächsten Baum. Nun gibt der Jäger jedem Kind den Namen eines Tieres aus dem Wald, wobei kein Tier doppelt vorkommen darf. Dann wird das Kind hinter dem Baum in den Kreis gerufen. Es muss nun herausbekommen, welches Kind welchen Tiernamen bekommen hat. Dazu befragt es den Jäger, der nur mit Ja oder Nein antworten darf. Je nach Alter darf der Jägerschüler den Jäger bei jedem Kind drei bis fünf Mal fragen. Hat er nach allen gefragt, sind die zwei nächsten Kinder an der Reihe.

Ich sage vor

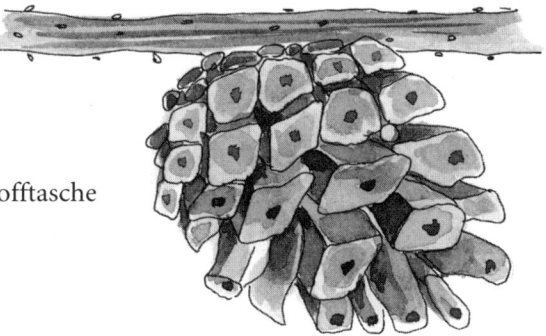

Spieler/innen:	zwei und mehr
Alter:	ab 3 Jahren
Zeit:	10 Minuten
Material:	für jedes Kind eine Stofftasche
Ort:	im Wald

Die Kinder bekommen den Auftrag, verschiedene Gegenstände im Wald zu suchen. Jedes Kind soll Ästchen, Blüten, unterschiedliche Früchte wie Eicheln und Kastanien sammeln. Auch Tannenzapfen und Rindenstücke sollen mitgebracht werden.

Jetzt werden die gesammelten Dinge so ausgetauscht, dass alle Kinder die gleichen Gegenstände in ihren Beutel legen können. Dann setzen sich die Kinder in einen Kreis und das Spiel beginnt. Ein Kind greift in seinen Beutel, nimmt den Gegenstand aber nicht heraus. Es versucht, ihn den anderen Kinder zu beschreiben. Diese greifen nun ebenfalls in ihr Säckchen und versuchen, den Gegenstand zu erfühlen. Wer ihn glaubt gefunden zu haben, hält ihn in der Hand fest und wartet, bis die anderen auch so weit sind. Haben alle Kinder einen Gegenstand in der Hand, ziehen sie ihn heraus und vergleichen ihn mit dem Gegenstand des Kindes, das ihn beschrieben hat. Danach legen sie die Dinge wieder in den Beutel und das nächste Kind ist an der Reihe, einen Gegenstand zu beschreiben.

Der Oberförster

Spieler/innen:	3 bis 6
Alter:	ab 3 Jahren
Zeit:	10 Minuten
Material:	keines
Ort:	im Wald

Die Erzieherin gibt jedem Kind einen bestimmten Begriff aus dem Wald, zum Beispiel verschiedene Tiernamen, Baumnamen, Geländeformen oder Pflanzennamen.

Dann erzählt sie eine Geschichte, in der die Begriffe immer wieder vorkommen. Taucht der Begriff eines Kindes auf, dann muss dieses Kind einmal in die Hände klatschen. Wenn die Erzieherin das Wort „Oberförster" sagt, klatschen alle Kinder in die Hände. Vergisst ein Kind das Klatschen, dann muss es ein Pfand abgeben. Das Spiel ist zu Ende, wenn vier Kinder ein Pfand abgegeben haben. Sie dürfen sich nun wünschen, was als Nächstes gespielt werden soll.

Anstatt ein Pfand abzugeben, kann das Kind, welches vergessen hat zu klatschen, auch die Geschichte weiter erzählen. Wer bislang die Geschichte erzählt hat, bekommt dann einen neuen Begriff, sodass wieder viele neue Wendungen in die Geschichte eingebaut werden können.

Kastanienbaum und Kastanien

Spieler/innen:	vier und mehr
Alter:	ab 3 Jahren
Zeit:	5 Minuten
Material:	eine Socke
Ort:	im Wald

Die Socke wird mit Blättern gefüllt und verknotet. Alle Kinder stehen im Kreis, eines von ihnen hat die Socke in der Hand. Es nennt einen Baum oder eine Blume und wirft die Socke einem anderen Kind zu. Dieses Kind muss jetzt einen Begriff finden, der in irgendeiner Weise zu dem zuvor Gesagten passt. Sagt das erste Kind beispielsweise „Kastanienbaum", kann das andere Kind „Kastanie", „Park" oder „große Blätter" sagen. Danach gibt es einen neuen Begriff vor und wirft die Socke einem anderen Mitspieler zu.

Ratet mal, was wir hier sehn

Spieler/innen:	sechs und mehr
Alter:	ab 4 Jahren
Zeit:	5 Minuten
Material:	keines
Ort:	im Wald

Immer drei Kinder bilden eine Gruppe. Sie suchen sich einen Platz aus und legen um sich einen Kreis aus Stöckchen und Steinen. Dann einigen sie sich auf etwas im Wald, das sie sehen und das die anderen erraten sollen. Haben alle Gruppen etwas ausgewählt, dann zieht die erste Gruppe los zu einer anderen Gruppe. Diese beginnt nun, das von ihnen ausgewählte Ding zu beschreiben, etwa so: Es ist rund, es ist braun, ist auf dem Baum, bis es herunterfällt und so weiter. Hat die andere Gruppe erraten, dass es sich beispielsweise um eine Kastanie handelt, stellt sie sich in den Kreis der beschreibenden Gruppe. Diese zieht nun weiter zum nächsten Kreis und versucht herauszufinden, was diese Gruppe gefunden hat. Das Spiel ist zu Ende, wenn alle Gruppen den Gegenstand einer anderen Gruppe erraten haben.

Der Wald ist ein Haus mit vielen Tieren

Spieler/innen: zwei und mehr
Alter: ab 4 Jahren
Zeit: 10 Minuten
Material: keines
Ort: im Wald

Alle Kinder sitzen im Kreis zusammen. Die Erzieherin erzählt den Kindern, dass der Wald wie ein Haus aufgebaut ist. Der Keller ist unter der Erde, da wohnen Käfer, Würmer, Maulwürfe und viele andere Tiere.

Das Gras, das Moos und andere den Boden deckende Gewächse sind das Erdgeschoss, die Büsche entsprechen dem ersten Stock und die Bäume sind das zweite Stockwerk. Die Baumkronen aber sind das Dach.

Die Kinder suchen Zeichen für die einzelnen Orte im Haus. Zum Beispiel können sie die Hände nach unten strecken, um den Keller anzuzeigen. Das Erdgeschoss wird dargestellt, indem die Kinder beide Hände flach aneinander legen. Den ersten Stock symbolisiert eine Hand, die senkrecht gehalten wird, beim zweiten Stock stehen beide Hände senkrecht übereinander. Das Dach wird gezeigt, indem die Kinder mit den Händen ein Dach über ihrem Kopf formen.

Jetzt nennt die Erzieherin nach und nach unterschiedliche Tiere. Die Kinder zeigen mit den Händen, dass sie die Tiere dem richtigen Stockwerk im Haus Wald zuordnen können.

Der Regenwurm lebt unter der Erde, der Specht auf dem Dach, das ist klar. Doch es gibt auch Tiere, die in mehreren Stockwerken zu Hause sind und somit können sie auch verschieden zugeordnet werden.

Schneckengärten

Spieler/innen:	ein Kind und mehr
Alter:	ab 3 Jahren
Zeit:	15 Minuten
Material:	was sich im Wald so findet, eventuell eine Glasplatte
Ort:	im Wald

Die Kinder teilen sich in Kleingruppen auf. Immer vier oder fünf Kinder können sich zusammenschließen. Gemeinsam legen sie dann einen Schneckengarten an. Dazu müssen sie vorher genau überlegen, wo sich eine Schnecke wohl fühlt und was sie zum Leben braucht. Danach wird mit ein paar Ästen die Größe des Gartens festgelegt. Die Kinder sammeln nun kleine und große Steine, frische und alte Blätter und so weiter. Dann legen sie einen Garten an, in dem die Schnecken Futter finden, einen Schlupfwinkel haben und sich vor der Sonne und Schneckenfressern schützen können. Wenn die Gärten fertig sind, gehen die Kinder los und suchen einige Nacktschnecken. Sie heben sie sehr vorsichtig auf ein Blatt und tragen sie zu ihrem Garten, in dem sich die Schnecke nun richtig wohl fühlen kann. Wenn die Erzieherin eine Glasscheibe dabei hat, kann eine Schnecke darauf gesetzt werden. Die Kinder können dann von unten beobachten, wie sich die Schnecke bewegt oder etwas frisst.

Die Schnecke Augustine und ihre Freunde

Spieler/innen: zwei und mehr
Alter: ab 3 Jahren
Zeit: 10 Minuten
Material: keines
Ort: im Wald

Dies ist eine Mitmachgeschichte. Während die Erzieherin diese Geschichte (oder eine selbst erfundene ähnliche Geschichte) erzählt, untermalt sie das Geschehen durch so viele Bewegungen wie möglich. Sie summt und bewegt die Arme schnell auf und ab, um etwa eine Biene nachzuahmen. Ganz anders ist das beim Schmetterling, der hat große Flügel, die sich viel langsamer und weiträumiger bewegen und über dem Kopf schließen, wenn er auf einer Blüte landet.

Die Schnecke Augustine saß an einem wunderschönen Sommervormittag im Juli an ihrem Lieblingsplatz im Buchenwald. Sie streckte ihre Fühler aus und schnupperte die Morgenluft. Sie genoss die Wärme der Sonne um diese Stunde, später würde sie sich zurückziehen müssen, weil die Sonne dann zu stark wird. Vorsichtig zog sie sich für kurze Zeit in ihr Schneckenhaus zurück. Es war eng darin und sie musste sich sehr zusammenziehen. Deshalb wollte sie gern so lange wie möglich in der Sonne bleiben und die Ruhe genießen. Vorsichtig steckte sie die Nase heraus und blinzelte in die Morgensonne, da musste sie plötzlich dreimal hintereinander schrecklich laut niesen.

Davon erwachte Schleimi, der Regenwurm, in seinem Erdgang. Er räkelte und streckte sich ausgiebig, bevor er langsam und gemächlich an die Erdoberfläche kroch, um der Sonne einen guten Tag zu wünschen, wie er es im Übrigen sein ganzes Leben schon machte. Als er den Kopf herausstreckte, nickte er Augustine kurz zu, weil er ein besonders freundlicher und glücklicher Regenwurm war.

Da raschelten leise die Blätter über ihnen. Krax, der Käfer, krabbelte auf allen sechsen hervor und rief laut und deutlich: „Guten Morgen Freunde!" Dabei klopfte er sich Erdkrümel von den Beinen.

Augustine schüttelte den Kopf, es war immer dasselbe mit Krax: Er war voll Erde, viel zu laut und immer bester Laune. Besonders freute sich Augustine immer über das Schmetterlingsfräulein Lisa, die war so schön und bunt. Außerdem konnte sie ganz toll fliegen. Galanter als die Biene Honey, die meistens hinter Lisa angesummt kam. Und richtig, beide setzten sich auf die frisch aufgeblühte Margerite, die neben Augustine stand. Sie nickten der Schnecke freundlich zu, hatten aber ansonsten wenig Interesse an Leuten, die nicht einmal fliegen konnten.

Hups, was war das? Alle sahen hoch zum Baum, da saß Springer, das Eichhörnchen; es knabberte an einer Nuss und ließ die Schalen fallen.

Alle Tiere waren zufrieden, sie fraßen, schaukelten vor Freude in der Sonne oder putzten sich.

Wie so oft konnte es Krax, der Käfer, nicht lassen, Fräulein Lisa, den Schmetterling, zu foppen. Schon war ein wildes Fangspiel im Gange. Krax jagte hinter dem Schmetterling her und er gab sich dabei große Mühe. Er musste seine Beine hoch strecken, um über die Blätter zu steigen. Augustine, die Schnecke, beobachtete gebannt die Verfolgungsjagd, die Krax sich mit dem Schmetterlingsfräulein lieferte, und fragte sich dauernd, warum die beiden nicht flogen, das ging doch viel schneller.

Da konnte es sich das Eichhörnchen Springer nicht verkneifen, die in ihre Gedanken vertiefte Schnecke zu ärgern. Es warf ihr einen Tannenzapfen vor die Nase. Augustine erschrak fürchterlich und flüchtete schnell in ihr Schneckenhaus. Das Eichhörnchen schüttelte sich vor Lachen. Seit Jahren warf es immer wieder einen Tannenzapfen vor Augustines Nase, und immer noch erschrak sie jedesmal, zog sich in ihr Schneckenhaus zurück und kam erst nach einer Weile ganz vorsichtig wieder aus ihrem Haus heraus.

Da klopfte Tocker, der Specht, oben an den Baumstamm. Tock, tock, tock, tock. Alle Tiere wussten nun, dass jemand den Wald betrat, der gefährlich werden konnte. Deshalb verkrochen sie sich alle schnell in ihren Häusern, unter der Erde oder in ihren Höhlen und Verstecken.

Die meisten hatten an dem Morgen bereits so viel erlebt, dass sie wie Augustine sofort einschliefen. Allerdings träumte nur Augustine von großen, grünen Salatblättern.

Mäuse sammeln alles

Spieler/innen:	zwei und mehr
Alter:	ab 3 Jahren
Zeit:	15 Minuten
Material:	aus dem Wald
Ort:	im Wald

Die Kinder sind Mäuse, die für den Winter Vorräte sammeln sollen. Für dieses Spiel setzt sich die Erzieherin an einen Platz auf einer Waldlichtung. Sie ist die Verwalterin der Vorratskammer und bestimmt, was gebraucht wird. Am Anfang sollen ihr die Kinder noch ganz normale Dinge bringen: Kastanien, Eicheln, Blätter oder Steine. Nach und nach werden die Dinge aber immer ausgefallener und die Kinder müssen sich selbst ausdenken, was sie als Ersatz bringen könnten. So braucht die Erzieherin irgendwann Mäusezahnbürsten, Mäuseteller und Tassen, eine neue Bettdecke für den Winter, einen Fernsehapparat und was ihr sonst noch so einfällt. Je verrückter die Dinge sind, umso mehr Spaß macht das Spiel den Kindern.

Das Vogelnest

Spieler/innen:	ein Kind und mehr
Alter:	ab 3 Jahren
Zeit:	täglich 5 Minuten
Material:	nur zur Vorbereitung einen Spiegel, eine Leiter und Schnur
Ort:	im Wald

Am Anfang des Frühjahrs beobachten die Kinder in den Bäumen und Büschen die Vögel. Das machen sie so lange, bis sie eine Stelle gefunden haben, wo ein Vogelpärchen ein Nest baut. In diesem Baum oder an diesem Strauch bringt die Erzieherin den Spiegel so an, dass man vom Boden aus in das Nest schauen kann. Allerdings muss der

Spiegel weit genug vom Nest festgemacht werden, um die Vogeleltern nicht ständig zu irritieren.

Die Kinder spielen an diesem Platz nun nicht mehr. Manchmal aber gehen sie ganz leise an diese Stelle und beobachten das Vogelpaar. Dabei können sie verfolgen, wie sich das Nest entwickelt, wie die Eier aussehen und später – das ist das Schönste –, wie die Jungen wachsen und immer lebhafter werden.

Sind die Jungvögel ausgeflogen, wird der Spiegel wieder abgenommen.

Ich packe meinen Rucksack

Spieler/innen:	fünf und mehr
Alter:	ab 3 Jahren
Zeit:	15 Minuten
Material:	keines
Ort:	im Wald

Dieses sehr bekannte Spiel darf auch im Wald nicht fehlen. Allerdings wird es hier in etwas abgewandelter Form gespielt.

Die Kinder sitzen im Kreis. Das erste Kind sagt: „Ich packe meinen Rucksack für den Wald und lege ein Taschenmesser hinein, damit ich schnitzen kann." Dazu macht es eine Handbewegung, wie wenn es schnitzen würde. Nun ist das nächste Kind an der Reihe. Es wiederholt, dass ein Taschenmesser im Rucksack ist, und macht auch die Bewegung. Dann fügt es etwas Eigenes hinzu, das es im Wald braucht.

Wenn ein Kind sich nicht alles merken konnte, was schon in den Rucksack gepackt worden ist, helfen ihm die anderen Kinder.

Dieses Spiel macht Kindern großen Spaß. Zudem bietet es einmal mehr Gelegenheit zu lernen, was man im Wald so alles benötigt.

Waldkugel

Spieler/innen:	ein Kind und mehr
Alter:	ab 3 Jahren
Zeit:	60 Minuten
Material:	ein schönes Glas mit Schraubverschluss, Glitzerschnee (aus dem Bastelgeschäft), Zweikomponentenkleber
Ort:	im Wald

Die Kinder spülen das Glas sauber aus und lassen es gut trocknen. Dann suchen sie schöne kleine Steinchen, besonders interessante Holz- oder Wurzelstücke und Ähnliches. Diese Materialien kleben sie mit Zweikomponentenkleber in den Deckel und lassen alles eine halbe Stunde lang trocknen. Mit ein bisschen Geschick lässt sich eine kleine, abwechslungsreiche Landschaft in diesem Deckel gestalten. Danach füllen sie das Glas mit Wasser und streuen Glitzerschnee oder andere wasserfeste Glitzermaterialien wie Sterne oder Herzchen hinein. Dann wird der Deckel auf das Glas geschraubt. Das Wasser soll bis zum obersten Rand stehen, wenn der Deckel zugeschraubt ist. Nun wird das Glas noch einmal geöffnet und der Verschluss sowie der Deckel gründlich abgetrocknet. In die Windungen des Deckels geben die Kinder etwas Klebstoff und drehen das Glas endgültig zu. Das Ganze lassen die Kinder etwa eine Stunde trocknen, bevor sie es zum ersten Mal auf den Deckel stellen und schütteln dürfen. Jetzt lässt sich durch Schütteln eine bezaubernde Glitzerlandschaft in das Glas zaubern!

Den Boden erforschen

Spieler/innen:	ein Kind und mehr
Alter:	ab 3 Jahren
Zeit:	15 Minuten
Material:	durchsichtige Milchflasche oder Einmachglas mit Wasser, Lupe, Papier, Schuhkarton
Ort:	im Wald

Die Kinder werden von der Erzieherin darauf aufmerksam gemacht, dass Erde nicht gleich Erde ist. Es gibt sandige, lehmige oder tonhaltige Erde. Die Erde ist unterschiedlich fruchtbar und bietet zum Teil unterschiedlichen Tieren Lebensraum.

Die Kinder werden aufgefordert, Versuche mit der Erde zu machen. Wie fühlt sich die Walderde an? Wie riecht sie? Wie sieht sie durch eine Lupe betrachtet aus?

Dann sollen sie versuchen, aus der Erde eine Wurst zu formen. Geht das oder zerbröselt sie dabei? Bröselige Erde hat einen hohen Sandanteil. Erde, die sich gut formen lässt, ist eher tonhaltig.

Die Kinder füllen das mitgebrachte Glas halb mit Erde. Dann wird es mit Wasser aufgefüllt und fest geschüttelt oder gerührt. Wie sieht die Mischung jetzt, in einer Stunde, am nächsten Tag aus? Die unterschiedlich schweren Teile setzen sich am schnellsten ab. So liegen am Boden zuerst die schweren Teile wie Steine. Es ist auch interessant, unterschiedliche Erdproben nebeneinander in Gläser zu stellen und zu vergleichen.

Mini-Lebensräume entdecken

Spieler/innen:	ein Kind und mehr
Alter:	ab 4 Jahren
Zeit:	10 Minuten
Material:	eventuell eine Lupe
Ort:	im Wald

Die Kinder gehen in den Wald und suchen Stellen, an denen Tiere leben, die sie sonst nicht sehen, etwa Schmetterlingsraupen oder Asseln. Sie beobachten sie so genau wie möglich. Vielleicht hat ein Kind eine Lupe dabei, damit man alles noch ein bisschen genauer sehen kann. Am besten haben kleine Kinder immer eine Schaufel dabei. Darauf kann das Tier gesetzt werden, oder es krabbelt selbst darauf, so wird es nicht verletzt.

Die Kinder suchen unter Steinen, unter der Rinde von gefällten Bäumen, unter einem Holzhaufen und so weiter. Wichtig ist, dass die Kinder sehr vorsichtig sind und die Tiere an die Stelle zurücksetzen, an der sie sie gefunden haben.

Solche Mini-Lebensräume können von den Kindern auch selbst geschaffen werden. Nach dem Aufhäufen von Laub, Steinen oder Stöckchen muss man nur wenige Tage warten, bis sich Tiere dort ansiedeln. Oder die Kinder nehmen einen tönernen Blumentopf und graben ihn, mit der Öffnung nach unten, halb in die Erde ein.

Jedes Mal, wenn sie in den Wald kommen, können sie dann nachschauen, was sich verändert hat und welche Tiere sich angesiedelt haben.

Ich rufe, was ich höre

Spieler/innen: zwei und mehr
Alter: ab 3 Jahren
Zeit: 5 Minuten
Material: keines
Ort: im Wald

Die Kinder stehen im Kreis und sind ganz, ganz leise. Sie schließen die Augen und hören genau zu, was sich im Wald rührt.

Dann öffnen sie die Augen und jedes Kind überlegt sich, welches Geräusch es nachahmen möchte. Das kann ein Knarzen sein oder der Ruf eines Tieres. Nun geht ein Kind in die Mitte des Kreises und reguliert die Lautstärke. Steht es ganz gerade in der Mitte, ist alles ganz still. Neigt es sich in eine Richtung, beginnen die Kinder, zu denen es sich neigt, ihren Laut zu machen. Je stärker es sich neigt, umso lauter werden die Kinder. Nach einer Weile darf ein anderes Kind in die Mitte. Zum Schluss schließen alle Kinder wieder die Augen und hören noch einmal ganz genau hin.

Vermutlich wird der Wald nun ganz, ganz leise sein.

Geschichten aus dem Wald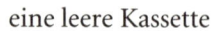

Spieler/innen: zwei und mehr
Alter: ab 5 Jahren
Zeit: 30 Minuten
Material: ein Kassettenrekorder mit Batterien, ein Mikrofon und eine leere Kassette
Ort: im Wald

Die größeren Kinder setzen sich zusammen und überlegen sich eine Geschichte, die im Wald spielt. Die Erzieherin lässt ihnen dabei völlige Freiheit und unterstützt sie nur, wenn sie gefragt wird.

Die Kinder nehmen diese Geschichte als Hörspiel auf. Dazu brauchen sie bestimmt ein paar Vogelstimmen, das Rascheln von Blättern, vielleicht einen plätschernden Bach.

Wenn das Hörspiel fertig ist, dann spielen die Kinder es den Kleineren vor und haben einen kräftigen Applaus verdient.

Die größeren Kinder können für die Kleinen auch ein Rätselhörspiel aufnehmen. Dazu nehmen sie verschiedene Geräusche aus dem Wald auf und spielen diese den Kleinen vor. Den Kleinen macht es großen Spaß, die Geräusche zu erraten und nachzuahmen.

Was ist, wenn es dunkel wird?

Spieler/innen: zwei und mehr

Alter: ab 3 Jahren

Zeit: eine Nacht

Material: Taschenlampe, Petroleumlampen, Planen, Schlafsäcke und alles, was man für eine Nacht im Wald braucht

Ort: im Wald

Am besten erkundigen Sie sich beim Förster nach einem Ort, an dem eine Übernachtung im Wald stattfinden kann. Manchmal haben Förster auch Hütten, die sie für solche Zwecke zur Verfügung stellen. Fragen Sie den Förster auch, worauf Sie besonders achten sollen. Vielleicht kommt er auch am Abend vorbei und erzählt den Kindern etwas von der Nacht im Wald. Für so eine Erlebnisnacht sollten immer je fünf Kinder von einer erwachsenen Person betreut werden. Fragen Sie die Mütter und Väter, ob sie mitmachen wollen; sicher haben einige Lust darauf.

Die Kinder und Eltern werden rechtzeitig über das Vorhaben informiert und nur die Kinder, die wirklich wollen, bleiben über Nacht da. Für die anderen kann vereinbart werden, dass sie gegen 22 Uhr von den Eltern abgeholt werden.

Schön ist es, wenn die Kinder sich bereits den Tag über in diesem Waldstück, in dem sie die Nacht verbringen werden, aufgehalten haben und sich mit ihm vertraut machen konnten. Gegen Abend bereiten die Kinder alles so vor, dass sie sich schlafen legen können. Dann stecken alle ihre Taschenlampe ein und setzen sich in der letzten Dämmerung in einen Kreis. Sie verhalten sich ganz still und lauschen auf die Geräusche. Wenn es dunkel ist, nehmen die Geräusche erst einmal ab, dann aber wieder zu. Die Vögel verstummen, wenn es dunkel wird, kurze Zeit später können die Kinder dann andere Tiere hören.

Wenn die Kinder schließlich unruhig werden, machen sie ihre Taschenlampe an und alle gehen zu ihren Schlafplätzen unter freiem Himmel. Damit die Kinder sich sicher fühlen, nehmen die Erwachsenen die äußeren Schlafplätze ein. Die Kinder liegen eng beieinander oder im Kreis.

Es werden ein paar Petroleumlampen angezündet und die Kinder unterhalten sich noch ein wenig über das Erlebte. Dabei haben sie Gelegenheit, sich an ihren Schlafplatz zu gewöhnen und die nähere Umgebung noch einmal genau zu betrachten. Vielleicht gibt es sogar noch eine Kleinigkeit zu essen oder etwas zu trinken. Zu diesem besonderen Anlass kann auch auf das Zähneputzen verzichtet werden – das eine Mal schadet sicher nicht.

Am nächsten Morgen kommen in aller Frühe andere Eltern und bringen ein leckeres Frühstück für die Kinder. Im Anschluss daran räumen sie den Wald wieder auf, sodass man beinahe nicht mehr sehen kann, dass sie einen ganzen Tag und eine Nacht lang da waren.

Familie Holzwurm

Spieler/innen: vier und mehr
Alter: ab 3 Jahren
Zeit: 20 Minuten
Material: Steine, Früchte, Zweige und so weiter
Ort: im Wald

Die Kinder sitzen im Kreis und halten die Hände hinter den Rücken. Die Erzieherin beginnt nun zu erzählen, welche Abenteuer die Familie Holzwurm im Wald erlebt. Nach wenigen Sätzen nimmt die Erzieherin einen Gegenstand und legt ihn in die Hände eines Kindes, ohne dass der Gegenstand von den anderen Kindern gesehen wird. Das Kind befühlt diesen Gegenstand und erzählt die begonnene Geschichte der Familie Holzwurm weiter. Dabei spielt der Gegenstand eine wesentliche Rolle. Nach einer bestimmten Zeit bekommt ein anderes Kind von der Erzieherin einen Gegenstand in die Hände. Nun erzählt dieses Kind weiter und das erste Kind kann seinen Gegenstand vor sich auf den Boden legen.

Bienen suchen Blumen

Spieler/innen:	zwei und mehr
Alter:	ab 3 Jahren
Zeit:	5 Minuten
Material:	keines
Ort:	im Wald oder auf der Wiese

Die Kinder verteilen sich auf der Wiese oder im Wald. Die Erzieherin erklärt ihnen, sie seien Bienen auf der Suche nach Blumen. Allerdings könnten sie immer nur die Blumen anfliegen und von ihnen Nektar trinken, deren Farbe gerade erlaubt sei. Die Bienen laufen dann durch die Wiese und summen vor sich hin. Von Zeit zu Zeit ruft die Erzieherin eine Farbe und die Bienen versuchen, so schnell wie möglich eine Blume, die diese Farbe hat, zu berühren.

Tiere aus dem Wald

Spieler/innen:	zwei und mehr
Alter:	ab 3 Jahre
Zeit:	15 Minuten
Material:	aus dem Wald
Ort:	im Wald

Die Kinder suchen Blätter, Stöcke und anderes Material zusammen. Dann beginnen sie allein oder in kleinen Gruppen, mit dem Material ein Tier zu gestalten. Das kann ein Reh, ein Hase oder ein Eichhörnchen sein, das da auf dem Waldboden entsteht. Sogar eine Schnecke ist möglich. Wichtig ist nur, dass dieses Tier im Wald vorkommt. Wenn die Gruppen fertig sind, schauen sie sich die Tierfiguren der anderen Kinder an und versuchen zu erraten, was sie darstellen sollen.

Pflanzenirrgarten

Spieler/innen:	ein Kind und mehr
Alter:	ab 3 Jahren
Zeit:	10 Minuten zur Vorbereitung
Material:	Schuhkarton, Schere, Karton
Ort:	im Wald

Die Kinder schneiden in den Boden des Kartons ein Loch, das ungefähr fünf Zentimeter Durchmesser hat. Hinter dieses Loch kleben sie
ein Stück Karton als Zwischenwand quer in den Schuhkarton. Am
oberen Ende dieser Zwischenwand wird eine große Kerbe eingeschnitten. Etwa fünf Zentimeter weiter wird wieder ein Stück Karton
als Zwischenwand quer in die Schachtel geklebt. Diesmal wird die
Kerbe unten in die Wand eingeschnitten. In die Außenwand des Kartons, die parallel zu den beiden Zwischenwänden liegt, wird ein fünf
Zentimeter großes Loch geschnitten.

Das Bodenloch ist nun der Eingang ins Labyrinth und das Loch in
der Außenwand der Ausgang. Die Kartonstücke bilden die Wände
eines „Labyrinths". Der Karton wird nun auf ein Grasbüschel oder
eine kleine Pflanze gesetzt, die durch das Bodenloch ins Innere des
Kartons ragt. Dann wird der Deckel auf den Karton gesetzt. Durch die
Schlitze muss das Gras seinen Weg aus dem Irrgarten finden.

Die Kinder nehmen in den nächsten Tagen immer wieder den
Deckel ab und schauen nach, ob die Pflanze den Ausgang findet.

Fremde Dinge im Wald

Spieler/innen: ein Kind und mehr
Alter: ab 3 Jahren
Zeit: 15 Minuten
Material: mindestens 20 Gegenstände, die nicht in den Wald gehören.
Ort: im Wald

Die Erzieherin nimmt in einem Sack Dinge und Spielsachen mit in den Wald, die dort nicht hingehören. Sie schleicht sich während eines Spiels für eine kurze Weile von den Kindern fort und legt die Gegenstände in den Wald. So setzt sie zum Beispiel den Teddy auf den Kletterbaum, hängt das Handtuch über einen Ast oder stellt die Tasse auf einen Baumstumpf. Dann geht sie zu den Kindern zurück. Im Lauf des Tages versucht sie die Kinder anzuregen, in das „dekorierte" Waldstück zu gehen. Die Kinder werden nicht schlecht staunen, was da alles im Wald ist, das sie von der Kindertagesstätte her kennen. Gemeinsam suchen sie die Gegenstände und bringen sie zur Erzieherin, allerdings nicht ohne die Gelegenheit zu nutzen, einmal hier mit dem für einen Wald ganz untypischen Spielzeug zu spielen!

Anmerkung: Für Kinder ist es wirklich ein großer Spaß, wenn ihnen einmal im Wald Spielsachen zur Verfügung stehen, die sonst nicht vorhanden sind; gerade die Ausnahme macht hier das Besondere. Die Kinder betrachten diese ihnen bekannten Spielsachen mit anderen Augen, wenn sie plötzlich in einer ungewohnten Umgebung stehen. Dabei bekommen die Dinge oft noch eine ganz andere Bedeutung oder Funktion. Das wiederum bereichert den späteren Umgang mit den Spielsachen in der Kindertagesstätte.

7 Ein Männlein steht im Walde

Geschicklichkeits-, Konzentrations- und Reaktionsspiele

In diesem Kapitel werden Spiele beschrieben, welche die Kinder selbstständig immer wieder spielen können, wenn sie einmal die Regeln gelernt haben. Sie können so frei ihrem Spielimpuls folgen und nach Lust und Laune, ohne von außen motiviert zu werden, ein Spiel beginnen oder abwandeln. Außerdem werden viele der Spiele mit Materialien aus dem Wald gespielt, sodass es für die Kinder jederzeit möglich ist, im Wald auf sie zurückzugreifen.

Stein auf Stein

Spieler/innen:	zwei und mehr
Alter:	ab 3 Jahren
Zeit:	10 Minuten
Material:	Steine
Ort:	im Wald

Jedes Kind sucht sich ein paar kleinere Steine, die es gut werfen kann. Außerdem brauchen die Kinder noch einen großen Stein oder ein großes Stück Holz, am besten eine Holzscheibe.

Jetzt stellen sich die Kinder einen guten Meter entfernt von dem großen Stein (der Holzscheibe) in einer Reihe auf und versuchen eines nach dem anderen, ihn mit einem kleinen Stein zu treffen. Alle Kinder bleiben stehen, bis jedes Kind seinen Stein geworfen hat. Dann gehen die Kinder einen Schritt weiter weg und versuchen, den großen Stein erneut zu treffen. Wer den Stein nicht getroffen hat, muss ausscheiden. Sind die Kinder fünf Schritte vom großen Stein entfernt, gehen alle Kinder nach vorn, sammeln die Steine wieder ein und das Spiel beginnt von neuem.

Blinde Schritte

Spieler/innen:	vier und mehr
Alter:	ab 4 Jahren
Zeit:	10 Minuten
Material:	keines
Ort:	im Wald

Die Kinder verteilen sich mit geschlossenen Augen im nahen Umkreis. Ein Kind ist Fänger und darf immer nur sieben Schritte gehen, muss aber bei jedem Schritt ein Geräusch machen. Die anderen Kinder dürfen nur fünf Schritte gehen. Auch sie zeigen jeden Schritt mit einem Ton an. Abwechselnd dürfen nun immer der Fänger sieben und dann die anderen Kinder fünf Schritte gehen. Schafft es der Fänger, blind ein Kind zu fassen, tauschen die beiden die Rollen.

Die Erde hat viele Gesichter

Spieler/innen: zwei und mehr
Alter: ab 4 Jahren
Zeit: 20 Minuten
Material: aus dem Wald
Ort: im Wald

Die Erzieherin spricht mit den Kindern darüber, dass die Erde verschiedene Gesichter hat. Die Kinder erzählen dann, was sie sich darunter vorstellen. Vielleicht war eines der Kinder schon einmal in der Wüste und kann erzählen, wie es dort ausgesehen hat. Oder auch in der Heide. Wie unterscheidet die sich vom Wald? Die Erzieherin ergänzt die Erzählungen und Vorstellungen der Kinder und stellt noch andere Gebiete vor. Da gibt es beispielsweise noch den Dschungel, den Regenwald, den Nord- und Südpol oder die Steppe.

Die Kinder sammeln sich in kleinen Gruppen, höchstens zu viert, und einigen sich, welches Gebiet sie darstellen wollen. Dann nehmen sie Naturmaterialien und versuchen, auf einem mit Steinen begrenzten Stück Waldboden dieses Gebiet nachzubauen.

Haben die Kinder alle ihr „Erdgesicht" angelegt, zeigen sie es den anderen Kindern. Die Kinder sollten warten, bis die Werke aller Gruppen ganz fertig sind und sie zum Besichtigen eingeladen werden.

Schneckenhaus

Spieler/innen: zwei und mehr
Alter: ab 4 Jahren
Zeit: 5 Minuten
Material: aus dem Wald
Ort: im Wald

Eine große Schneckenspirale, die in einzelne Abschnitte aufgeteilt ist, wird auf den Boden gelegt. Am besten nehmen die Kinder dazu kleine Steine. Das Schneckenhaus muss so groß sein, dass ein Kind von einem Abschnitt in den nächsten hüpfen kann. Am äußeren Ende des Schneckenhauses ist der Eingang, dort steht ein Kind und klingelt an einer imaginären Klingel. In der Mitte der Schnecke steht ein weiteres Kind, das die Schnecke darstellt. Es hüpft auf einem Bein die Schneckenspirale entlang zum Eingang und fragt das Kind, das geklingelt hat: „Was kann ich für dich tun?" Das Kind antwortet: „Ich brauche Schutz, bitte lass mich herein." Beide Kinder hüpfen daraufhin auf einem Bein in die Mitte der Schnecke. Dort streichelt die Schnecke dem Kind übers Haar. Dann fragt sie: „Kann ich noch etwas für dich tun?" „Ja, mir etwas Salat geben, ich habe Hunger." Die Schnecke bückt sich, als wolle sie Salat aufheben. In diesem Augenblick hüpft das Kind auf einem Bein los, die Schneckenspirale entlang nach draußen – die Schnecke natürlich hinterher, ebenfalls auf einem Bein. Erreicht das Kind den Eingang, dann ist es frei. Wird es zuvor von der Schnecke eingeholt, muss es die neue Schnecke sein. Dann klingelt das nächste Kind.

Welcher Grashalm hält länger?

Spieler/innen:	zwei und mehr
Alter:	ab 3 Jahren
Zeit:	5 Minuten
Material:	Grashalme
Ort:	im Wald oder auf einer Wiese

Alle Kinder suchen sich einen möglichst langen und festen Grashalm. Dann hält jeweils ein Kind beide Enden des Halmes zwischen Daumen und Zeigefinger fest. Durch die entstandene Schlaufe fädelt ein anderes Kind seinen Grashalm und hält ihn auf die gleiche Weise fest. Nun ziehen beide Kinder langsam immer stärker an ihren Halmenden. Das Kind, dessen Grashalm zuerst reißt, scheidet aus und sucht sich einen neuen Grashalm für die nächste Runde.

Steine balancieren

Spieler/innen:	zwei und mehr
Alter:	ab 4 Jahren
Zeit:	5 Minuten
Material:	für jedes Kind einen Stein, eine Eichel oder eine Kastanie
Ort:	im Wald

Die Kinder stehen alle nebeneinander bei einem Baum. Sie haben sich einen Stein auf den Handrücken gelegt und balancieren ihn, sodass er nicht herunterfällt. Die andere Hand halten sie auf dem Rücken. Die Erzieherin steht den Kindern gegenüber und gibt ihnen ein Startzeichen. Nun laufen die Kinder los und jedes Kind versucht, als Erstes bei der Erzieherin zu sein. Dabei darf der Stein nicht herunterfallen. Wessen Stein herunterfällt, der muss zurück zum Baum und den Lauf von neuem beginnen.

Je nachdem, wie geschickt die Kinder sind, kann der Weg, den sie laufen müssen, unterschiedlich schwer gestaltet werden. So muss vielleicht ein liegender Baumstamm überklettert werden oder alle müssen einen Hang hinunter gehen.

Schleichen wie ein Reh im Wald

Spieler/innen:	fünf und mehr
Alter:	ab 3 Jahren
Zeit:	10 Minuten
Material:	eventuell Augenbinde
Ort:	im Wald

Die Kinder stehen im Kreis. Ein Kind steht in der Mitte und hat die Augen verbunden bzw. hält sie fest geschlossen. Nun zeigt die Erzieherin wortlos auf zwei Kinder. Diese beiden sollen die Plätze tauschen, ohne dabei ein Geräusch zu machen. Das ist im Wald ganz schön schwierig, wenn bei jedem Schritt ein Ästlein knackt. Die anderen Kinder müssen natürlich ganz still sein, damit das blinde Kind die Bewegungen hören kann. Wenn es hört, wo sich ein Kind bewegt, zeigt es mit dem Finger in die Richtung. Hat es eines der Kinder erwischt, das gerade den Platz tauschen wollte, dann darf es die Augenbinde abnehmen und sich in den Kreis einfügen. Das ertappte Kind geht nun in die Mitte und lässt sich die Augen verbinden.

Anmerkung: Ich verwende grundsätzlich nur Augenbinden, wenn die Kinder entweder in einem sicheren abgeschlossenen Kreis sind oder sitzen können. Die Gefahr ist sonst sehr groß, dass sie sich stoßen und im Schreck die Binde nicht schnell genug von den Augen bekommen. Es kann sein, dass Kinder nach so einem Erlebnis keine Spiele mehr machen wollen, bei denen sie die Augen geschlossen halten sollen.

Wer findet den Waldschrat?

Spieler/innen:	fünf und mehr
Alter:	ab 4 Jahren
Zeit:	5 Minuten
Material:	lange Schnur
Ort:	im Wald

Eine lange Schnur, die ungefähr in Brusthöhe der Kinder um mehrere Bäume gespannt ist, begrenzt das Spielfeld. Die Kinder versammeln sich innerhalb des Spielfelds und schließen die Augen. Die Erzieherin flüstert einem Kind ins Ohr, dass es der Waldschrat ist und stumm bleiben muss. Nun gehen die Kinder mit geschlossenen Augen vorsichtig innerhalb des Spielfelds umher. Trifft ein Kind auf ein anderes, dann stellt es leise die Frage: „Bist du der Waldschrat?" Spricht das andere Kind die gleiche Frage aus, kann es nicht der Waldschrat sein, denn der ist ja stumm. So suchen die Kinder weiter. Trifft ein Kind aber auf ein anderes, das keine Frage stellt und keine Frage beantwortet, hat es den Waldschrat gefunden. Es bleibt ab jetzt ebenfalls stumm und schließt sich dem Waldschrat an, indem es ihn an die Schulter greift und hinter ihm her geht. Wenn alle Kinder zum Waldschrat gefunden haben, ist das Spiel zu Ende.

Den Wald erriechen

Spieler/innen: zwei und mehr
Alter: ab 4 Jahren
Zeit: 15 Minuten
Material: keines
Ort: im Wald

Immer zwei Kinder gehen gemeinsam durch den Wald. Dabei hält ein Kind die Augen geschlossen und wird vom anderen geführt. Damit das „blinde" Kind nicht zu unsicher wird, fassen kleinere Kinder einander um die Schulter. So wird verhindert, dass das führende Kind unterschätzt, wie breit sie beide zusammen sind. Das sehende Kind ist immer auf der Suche nach duftenden Materialien, an denen es das blinde Kind riechen lässt. Nach einiger Zeit wechseln die Kinder die Rollen und das bisher sehende Kind schließt die Augen. Wenn beide Kinder einander zu verschiedenen Pflanzen, Blüten und anderen Riechstellen geführt haben, sprechen sie über ihre Erfahrungen und versuchen herauszufinden, was sie alles gerochen haben.

Baum-Prellball

Spieler/innen:	ein bis vier Kinder
Alter:	ab 4 Jahren
Zeit:	10 Minuten
Material:	ein Softball
Ort:	im Wald

Ein Kind hat den Softball in der Hand und steht etwa zwei Meter vom Baum entfernt. Nun wirft es den Ball an den Baum und versucht, ihn wieder aufzufangen. Dann tritt es einen kleinen Schritt zurück und versucht es noch einmal. Das darf das Kind so lange machen, bis es den Ball nicht mehr auffangen kann. Dann ist das nächste Kind an der Reihe. Je breiter der Baum und je glatter seine Rinde ist, desto einfacher geht das Spiel. Bei „schwierigen" Bäumen hat jedes Kind drei Versuche, den Ball wieder aufzufangen, bevor das nächste Kind an der Reihe ist.

Prellball zu zweit

Spieler/innen:	zwei und mehr
Alter:	ab 4 Jahren
Zeit:	5 Minuten
Material:	ein Softball
Ort:	im Wald oder Park

Die Kinder stehen zu zweit vor einem Baum. Das erste Kind wirft den Ball an den Baum. Das zweite Kind versucht, ihn beim Zurückprallen aufzufangen. Ist ihm das gelungen, gehen die beiden einen Schritt zurück, das zweite Kind wirft den Ball gegen den Baum und das erste muss ihn auffangen. Hier haben die Spielerpaare jeweils drei Versuche, bevor die beiden nächsten Kinder an der Reihe sind.

Nur nicht an den Baum!

Spieler/innen: sechs und mehr
Alter: ab 4 Jahren
Zeit: 10 Minuten
Material: ein Softball
Ort: im Wald

Die Kinder stehen im Kreis um den Baum herum. Ein Kind steht direkt vor dem Baum, es ist der Hüter des Baums. Die Kinder im Kreis versuchen nun, den Baum mit dem Ball zu treffen. Der Hüter versucht, das zu verhindern und den Ball festzuhalten. Erwischt er den Ball, muss ein anderes Kind sich als Hüterin oder Hüter versuchen. Die Kinder dürfen den Ball nicht so hoch an den Baum werfen, dass ihn der Hüter nicht mehr erreichen kann!

Durch die rosarote Brille

Spieler/innen: ein Kind und mehr
Alter: ab 3 Jahren
Zeit: 15 Minuten
Material: zur Vorbereitung Karton, Scheren, Klebstoff und Transparentpapier
Ort: im Wald

Die Kinder schneiden sich aus Karton einfache Brillen aus, die gerade Bügel haben und somit allen passen. Dann kleben die Kinder in Absprache miteinander unterschiedlich farbiges Transparentpapier in die Brillenfassung. Wenn alle Kinder fertig sind, setzen sie die Brillen auf und gehen gemeinsam in den Wald. Hier tauschen sie von Zeit zu Zeit die Brillen aus. Die Umgebung erscheint jetzt, je nach Farbe des Transparentpapiers, in unterschiedlichem Licht. Anschließend erzählen die Kinder einander, wie die Farben die Atmosphäre im Wald verändert haben, durch welche Brille der Wald besonders schön, unnatürlich oder gruselig ausgesehen hat.

Blinder Waldbär

Spieler/innen:	acht und mehr
Alter:	die Mehrzahl der Kinder sollte 5 Jahre oder älter sein, es können dann auch einige jüngere mitspielen
Zeit:	10 Minuten
Material:	keines
Ort:	im Wald

Die Kinder verteilen sich in einem Stück Wald, das nicht zu eng stehende Bäume hat, so, dass sich alle sehen können. Ein Kind schließt die Augen. Es ist der blinde Waldbär und auf die Hilfe der anderen Bären angewiesen. Ein Kind übernimmt als erstes die Verantwortung für den Bär. Es brummt laut und kräftig, sodass der Waldbär auf das Kind zulaufen kann. Bevor der Bär beim Kind ist oder auf ein Hindernis trifft, nimmt das brummende Kind mit einem anderen Kind Blickkontakt auf und gibt damit die Verantwortung weiter. Das andere Kind beginnt laut zu brummen, sodass der Bär die Richtung wechselt und auf dieses Kind zugeht. Der Bär lässt sich so eine Weile führen, dann ist ein anderes Kind an der Reihe, den blinden Waldbären zu spielen.

Der spuckende Hirsch

Spieler/innen:	drei und mehr
Alter:	ab 3 Jahren
Zeit:	10 Minuten
Material:	eine mit Wasser gefüllte Sprühflasche
Ort:	im Wald oder auf der Wiese

Ein Kind sitzt mit der Sprühflasche auf dem Boden und schaut ganz uninteressiert in den Wald hinein. Dieses Kind ist der Hirsch und die anderen Kinder sind junge, übermütige Rehe, die den alten Hirsch einmal ärgern wollen. Sie strecken ihm die Zunge heraus, kitzeln ihn kurz oder zeigen ihm Grimassen. Das tun sie so lange, bis der Hirsch genug von dem Theater hat und zu spucken beginnt. Dazu nimmt er die Sprühflasche und versucht, die anderen Kinder nass zu spritzen. Nach einer Weile tauschen die Kinder die Rollen und ein anderes Kind darf der spuckende Hirsch sein.

Anmerkung: Dieses Spiel eignet sich vor allem für heiße Sommertage im Wald, wenn ein kleiner Wasserspritzer eine willkommene Erfrischung darstellt. Dennoch sollte der Hirsch die anderen Kinder nicht allzu stark und vielleicht nur an den Beinen nass spritzen, was zu Beginn des Spiels festgelegt werden kann.

Rein ins Mäuseloch

Spieler/innen:	zwei und mehr
Alter:	ab 3 Jahren
Zeit:	10 Minuten
Material:	aus dem Wald
Ort:	im Wald

Die Kinder kennzeichnen mit Blättern einen kleinen Kreis auf dem Waldboden. Dann nehmen sie Kastanien, Eicheln oder Steine und versuchen, von einem festgelegten Punkt aus, nacheinander jeweils eine Kastanie so in den Kreis zu werfen, dass diese nicht mehr herauskullert. Tut sie es dennoch, hat das Kind keinen Punkt machen können. Das ist aber nicht schlimm, weil die Kinder gleich die nächste Runde beginnen, bei der alle wieder eine neue Chance haben.

Fruchtweitwurf

Spieler/innen:	zwei und mehr
Alter:	ab 4 Jahren
Zeit:	5 Minuten
Material:	Waldfrüchte wie Kastanien, Eicheln, Bucheckern
Ort:	auf einem breiten Waldweg

Die Kinder sammeln einige Kastanien, Eicheln oder Ähnliches. Dann markieren sie mit Blättern einen Punkt, von dem aus geworfen werden soll. Nun werfen die Kinder nacheinander erst einmal ganz normal je eine Kastanie möglichst weit auf den Weg. Wenn alle geworfen haben, laufen sie los und schauen, wie weit die weiteste Kastanie geflogen ist. An diese Stelle legen sie einen auffälligen Stein und sammeln die Kastanien wieder ein.

Anschließend gehen sie zum Wurfpunkt zurück und versuchen, die nächste Kastanie so weit wie möglich mit dem Fuß wegzuschleudern. Auch hier prüfen sie, wo die Kastanie liegt, die am weitesten geflogen ist. Diese Stelle wird ebenfalls mit einem Stein gekennzeichnet.

Danach probieren die Kinder verschiedene Möglichkeiten aus, eine Kastanie so weit wie möglich zu schleudern, etwa aus der flachen Hand über die Schulter nach hinten zu werfen. Zum Schluss diskutieren die Kinder, welche Wurfart wohl die erfolgreichste ist, aber sie überlegen auch, welche am meisten Spaß macht.

Blind mit Wedel

Spieler/innen:	drei und mehr
Alter:	ab 3 Jahren
Zeit:	5 Minuten
Material:	ein dünner, verzweigter Ast mit Laub
Ort:	im Wald

Eines der Kinder schließt die Augen und bekommt den Wedel, einen dünnen verzweigten Ast mit Laub, in die Hand. Die anderen Kinder dürfen den Blinden nun necken, ihn leicht anstupsen und kitzeln. Wenn der Blinde jedoch mit dem Wedel ein anderes Kind trifft, dann darf er die Augen öffnen und den Wedel an dieses Kind weitergeben.

Mit den Zehen greifen

Spieler/innen:	ein Kind und mehr
Alter:	ab 3 Jahren
Zeit:	5 Minuten
Material:	aus dem Wald
Ort:	im Wald

Die Kinder sammeln alle die gleiche Anzahl verschiedener Materialien im Wald. Dann legen sie auf dem Waldboden aus Blättern einen Kreis von ungefähr 50 Zentimetern Durchmesser. Jedes Kind stellt sich barfuß neben den Kreis und legt die gesammelten Dinge neben sich. Alle versuchen nun, mit den Zehen die verschiedenen Gegenstände aufzuheben und so hoch zu heben, dass sie die Gegenstände in die Hand nehmen können. Wer als Erster alle seine Gegenstände aufnehmen und mit der Hand in den Kreis legen konnte, ist Sieger.

Auf einem Bein

Spieler/innen:	drei und mehr
Alter:	ab 3 Jahren
Zeit:	5 Minuten
Material:	aus dem Wald
Ort:	im Wald

Die Kinder legen wie im vorherigen Spiel einen Kreis aus Blättern. Die gesammelten Gegenstände werden jetzt einen Meter vor dem Kreis abgelegt. Die Kinder sollen nun versuchen, jeden Gegenstand einzeln mit den Zehen festzuhalten und die Distanz von einem Meter auf einem Bein hüpfend zu überwinden. Sind sie am Kreis angelangt, legen sie den Gegenstand mit dem Fuß in den Kreis.

Erdumrundungen

Spieler/innen:	drei und mehr
Alter:	ab 3 Jahren
Zeit:	5 Minuten
Material:	aus dem Wald
Ort:	im Wald

Die Kinder sitzen mit ausgestreckten Beinen in einem engen Kreis, lehnen sich nach hinten und stützen sich auf die Ellbogen. Ein Gegenstand wird auf die ausgestreckten Beine eines Kindes gelegt und von einem zum anderen weitergegeben. Dabei dürfen die Kinder jedoch nicht die Hände zu Hilfe nehmen. Nach einer Weile kommt ein weiterer Gegenstand in den Kreis. Kann einer der beiden Gegenstände schneller weitergegeben werden und schafft er es, den anderen zu überholen?

Das ist doch das Letzte!

Spieler/innen:	zwei und mehr
Alter:	ab 4 Jahren
Zeit:	5 Minuten
Material:	eine größere Menge Kastanien oder Tannenzapfen
Ort:	im Wald

Die Kinder stellen sich im Kreis auf und legen die Kastanien bzw. Tannenzapfen, die sie im Wald gesammelt haben, in die Mitte. Ein Kind beginnt und nimmt sich mindestens eine, höchstens aber drei der Kastanien aus dem Kreis. Der Reihe nach sind die anderen Kinder an der Reihe. Die Kinder entscheiden jeweils selbst, wie viele sie nehmen wollen. Wer die letzte Kastanie nehmen muss, hat leider verloren. Dann legen alle Kinder ihre Kastanien wieder in die Mitte und das Kind, das zuvor die letzte Kastanie nehmen musste, darf die neue Spielrunde beginnen.

Register

Noch mehr Spielideen von Heike Baum

Dreckspatz, Schmierfink, Schmuddelkind!
Spiele mit Wasser, Matsch und Farbe
128 Seiten, Paperback
ISBN 3-451-26291-6

Heute sind wir Stubenhocker
Spiele mit Spaß und Konzentration
144 Seiten, Paperback
ISBN 3-451-26029-8

Klein und groß, auf los geht's los
Spielideen für altersgemischte Gruppen
144 Seiten, Paperback
ISBN 3-451-26781-0

Kleine Kinder – große Gefühle
Kinder entdecken spielerisch ihre Emotionen
144 Seiten, Paperback
ISBN 3-451-26968-6

Messer, Gabel, Schere, Licht – warum denn nicht?
Kinder lernen spielerisch die Gefahr einschätzen
144 Seiten, Paperback
ISBN 3-451-26356-4

Spiele aus Großmutters Zeit
Für Kinder von heute entdeckt
144 Seiten, Paperback
ISBN 3-451-23626-5

Starke Kinder haben's leichter
Spielerisch das Vertrauen in die eigene Kraft stärken
144 Seiten, Paperback
ISBN 3-451-26616-4

 **HERDER**   *Im Buchhandel erhältlich!*